感恩的心声(续编)

王庆习 著

图书在版编目(CIP)数据

感恩的心声:续编/王庆习著. —合肥:安徽大学出版社,2019.3(2020.9重印)
ISBN 978-7-5664-1783-1

Ⅰ. ①感… Ⅱ. ①王… Ⅲ. ①社会科学－文集 Ⅳ. ①C53

中国版本图书馆 CIP 数据核字(2019)第 039375 号

感恩的心声:续编
Gan'en De Xinsheng:Xubian

王庆习 著

出版发行:	北京师范大学出版集团 安徽大学出版社 (安徽省合肥市肥西路 3 号 邮编 230039) www.bnupg.com.cn www.ahupress.com.cn
印　　刷:	安徽省人民印刷有限公司
经　　销:	全国新华书店
开　　本:	170mm×240mm
印　　张:	12
字　　数:	203 千字
版　　次:	2019 年 3 月第 1 版
印　　次:	2020 年 9 月第 2 次印刷
定　　价:	45.00 元

ISBN 978-7-5664-1783-1

策划编辑:陈　来　李加凯　　　　装帧设计:丁　健
责任编辑:李加凯　　　　　　　　美术编辑:李　军
责任印制:陈　如　孟献辉

版权所有　侵权必究
反盗版、侵权举报电话:0551-65106311
外埠邮购电话:0551-65107716
本书如有印装质量问题,请与印制管理部联系调换。
印制管理部电话:0551-65106311

序

  一滴水,可以折射出太阳的光芒;一片叶,可以洞察出四季的更替;一方石,可以解析出自然界亿万年的生命信息;一句话,可以反映出一个人的内心世界。值庆习先生人生见闻感悟集《感恩的心声(续编)》付梓之际,他嘱我作序。我知道自己恐难胜任,却没有推辞,因为我确实想说点什么,以表达对他的崇敬之情、敬仰之意。

  我与庆习先生是世交,他年长我 6 岁,每一次喊他庆习哥,心中总是溢满着亲切感。从我父亲与他相处,到我与他认识,这中间间隔了 40 余年。庆习先生是连续两届的省人大代表,而我在县人大常委会担任人大代表的选举、联络和服务工作。每年一次的省人大代表专题调研活动,我都会和他们一起度过 10 天左右紧张、忙碌而又愉快的日子。转眼 10 年过去了,我俩从相识到熟悉,从而多了一些交流、倾谈,才知道他与我父亲的交情。同时也知晓了他是我县一位著名的农民企业家,以超前的意识,作出了惊人的成就,我由衷地敬佩他。但真正了解他,走进他的内心世界,是在读了他的《感恩的心声》一书之后。书中的每一篇文章,都震撼着我的心灵,冲击着我的情感。一连几天,手不释卷。而《感恩的心声(续编)》的书稿,我又得以先睹为快,从而使它的形象在我心中更加丰满。

  掩卷长思,感慨颇多。他的苦难经历,他的艰辛创业,他的爱心善举等事迹,常常使我浮想联翩。

  这是一种怎样的人生经历。灾荒年背母讨饭,开矿时突发事故,经营时资金链断裂……凤凰涅槃,浴火重生,铸就了他永不退缩、绝不服输的刚毅品格,锻造了他愈挫愈奋、敢为人先的坚强意志。同时,情与恨在他眼中分明,善与孝在他心中扎根,从而奠定了其一生如何做人、如何处事、如何走好每一步的基础。人常说,大难不死,必有后福。福不是天生的,不是别人赐给的,它是与苦难一同衍生,与奋斗一齐成长出来的,只有亲身经历过的人,才能真正品尝到幸福的甘甜。

这是一种怎样的思想境界。 女儿生病,急需治疗,而这时家里的猪又丢了。为了酬谢在黑夜中外出帮忙找猪的乡亲们,他拿出身上仅有的两元钱,买来几斤羊肉,煮了一大锅羊肉汤,谎称自己早已吃过饭,然后把一碗碗滚热的羊肉汤端到每个乡亲的面前。乡亲们知道实情后,都落泪了。这捧上的哪是一碗汤,这分明就是一颗总想着别人而完全忘掉自己的滚烫的心!顶着金融风暴的冲击和企业生产难以为继的压力,斥巨资为村里建起了一座高标准的教学大楼。乡亲们多不理解,而他所担心的是自己的承诺会成为一句空话,"欠的工资我慢慢能还上……如果学校建不成,可能以后就没有机会了"。无私的行动,掷地有声的话语,使人振聋发聩。在极端困难的境况下还能处处为别人着想,这绝不是一般人所能做到的。这是一种无私利他的思想境界!

这是一种什么样的责任担当。 他二十几岁,勇挑重担,当上了生产队长,带领乡亲们积肥、搞副业、科学种田。一年时光,粮食副业双丰收,使乡亲们吃上了白面馍,兜里有了钱。20世纪90年代初,破天荒地为乡亲们建起了几十套别墅庭院。又排除千难万险,建起了煤矿,成立了农业公司、林果业公司、养殖公司等。他想的是搞集约化经营,带领乡亲们共同致富。他响应国家号召,自己出资植树,最后把近1000亩杨树林无偿地交给了集体。他的路桥公司,总是坚持高质量、高标准,宁愿不赚钱,也不能干"丧良心"的活。通过办企业,他先富了起来,但富了以后他没忘乡亲,没忘社会,没忘国家。他自己从不接受别人的宴请,也不宴请别人。不管多大的领导来了,他都是拉到自己家里吃饭。在家里,他是出力最大、挣钱最多的,但他几十年如一日,和家人吃一样的饭,往往由于回来得晚,吃的大都是剩饭。我认为这不是一般的节约,这是一种美德,这是一种责任和使命使然。因为他用节约下来的钱去造福于乡亲,造福于社会,资助了那些需要帮助的人,这就是为政府和国家分忧。

这是一种怎样的博爱情怀。 庆习先生作为一名农民企业家,在10年的省人大代表任期中,经常关心农业、农村的发展以及农民的收入情况,关注环境保护与水利工程建设。但他倾注心血最多的,我认为还是教育问题。一次次的调研,一份份的代表提案,从幼师的培训,到小学、中学、大学的教学目标、方向以及思想道德教育等,建言献策,认真履行着一个人大代表的职责。特别是从2005年至今,他每年拿出12万元资助农村贫困家庭大学生,直至大学毕业。这是最大的善举,这是至上的博爱。他常说,我自己没能上得起学,深知没有文化的痛苦和艰难。但我更知道企业发展需要人才,国家建设需要人才,社会进步更需要人才。唯有教育,才能使人才辈出,才能使咱们的国家走向富强、文明。我能为搞好教育、培养人才做点事,这是我的义务啊!不光捐款,他每年还驱车上万公里,不顾年高,不怕路途艰难,带上礼品,亲自到每一个受到他资助的大学生家中进行家访,目的在于与学生家长保持联系,了解家庭实际情况,沟通信息,便于对孩子进行教育和引导,使每一个孩子都能健康成长,成为对国家有用的人才。十几年来,他捐款150余万元,使200多名农村贫苦大学生顺利地完成了学业。国家的兴盛靠人才,人才的培养在教育。庆习先生博爱的胸襟、无私的奉献,展示了深厚的家国情怀!身处江湖之远,却能"先天下之忧而忧,后天下之乐而乐",我为庆习先生点赞。

这是怎样的一个人! 当你读到庆习先生《感恩的心声(续编)》的时候,就无须赘言了。毛泽东主席曾经说过,一个人做点好事并不难,难的是一辈子做好事。庆习先生就是一个立志一辈子做好事的人。

文章虽短,回味悠长;故事虽小,道理却深。愿每个读到它的人,能站在不同的角度去分析、去评价,或赞扬学习,或思考借鉴,或批评指正。我想庆习先生都会很高兴的,因为他的目的达到了。本书故事中的人物都用的是化名。

是为序。

刘绍君
2018年3月21日于萧县龙城

目　录

经历篇

安徽在北京举办推介活动有感……………………………………… 2
庵棚里的趣事………………………………………………………… 4
拔穷根………………………………………………………………… 6
不孝之子伪体面……………………………………………………… 9
参观南开大学………………………………………………………… 11
德与才………………………………………………………………… 13
汗水出奇迹…………………………………………………………… 14
黑龙江印象…………………………………………………………… 16
花博会上遇老外……………………………………………………… 17
坚韧与情谊…………………………………………………………… 19
俭以养德……………………………………………………………… 21
节约是美德…………………………………………………………… 22
精彩人生……………………………………………………………… 24
金融危机中的谣言…………………………………………………… 27
苦中求乐利成长……………………………………………………… 29
理解与耐心…………………………………………………………… 31

六盘山前遇险	33
美与丑	35
难忘的一天	36
情真意浓两老翁	38
人要心灵美	39
人生三大陷阱	41
上讲台	42
售票女人	44
天上观景	45
天上掉馅饼	46
望	48
威海之游	51
我的一生	53
我的教授朋友	56
戏说东西南北	58
细节彰显素质	59
细节之处见精神	60
学习才能跟上时代	61
一位名师的高尚情怀	63
一心为民好作家	64
游花果山水帘洞	65
真情处处在	67
忠言逆耳利于行	68

| 管理篇 |

做人"三不"	70
成功之道	74

计划生育政策调整有感	77
家风小议	79
凝心力无穷	84
杀敛财之风	87
"四慎"之贵	89
谈人情	90
为民谋福冒险值	92

┃教育篇┃

自警自戒	95
不比享受比成就 ——与外孙王圣卓交流人生感受	97
不向困难低头	99
传播正能量	102
得理也要饶人	104
封建思想害人	106
感恩师德	108
家人平等幸福多	110
教育无小事	112
精明太过反为害	114
酒肉朋友不可交	115
离奇的故事	117
利人乐己	119
练手劲	120
溺爱伤害子女心	122
皮匠来福	124
浅谈教与育	142

劝学 …………………………………………………… **145**

人生必备——孝、忠、勤、俭 ……………………… **147**

认清朋友 ……………………………………………… **149**

人生成长无止境 ……………………………………… **152**

善与恶 ………………………………………………… **154**

身残心善聋哑人 ……………………………………… **164**

善恶有报　法理分明 ………………………………… **166**

与人不睦，劝人盖屋 ………………………………… **171**

宽容的力量 …………………………………………… **176**

经历篇

安徽在北京举办推介活动有感

2017年2月,我儿媳妇跟我说,她被省里外事办抽去培训。培训的目的是为参加2017年4月11日外交部和安徽省人民政府在北京举办的全球推介活动作准备。该推介活动将要宣传安徽的人文景观和地理优势,提高安徽的知名度,把安徽推向全球,以便有利于安徽的发展,为安徽的百姓造福,为中国人民争光。

此次推介活动,省政府特别重视,从各有关单位抽出形象好、素质较高,特别是英语好的人才。因我儿媳妇英语特别好,其他条件也符合要求,所以也被安排参加此次推介活动。政府提前两个月给她们培训,统一服装,每套服装价格特别高。我高兴地和儿媳妇说,你叫你妈给你报销。她笑着说,好吧,让妈给报销。

此次推介活动,安徽省委、省政府高度重视,省委书记和省长亲自带领安徽省16个市的主要负责人参加。省外事办具体负责此次活动,各位领导全身心地投入,他们认真负责的工作精神,细微严谨的工作态度,优良的工作作风,超强的能力,使整场推介活动的气氛温暖、热烈而又融洽。因此感动了外交部的各位领导及工作人员。王毅部长代表安徽发出全球邀请函,亲自当起了安徽省推介活动的代言人。

王部长对安徽的人文环境了解得特别清楚、特别细致。他说,老子、庄子都生于安徽。安徽是个人杰地灵的好地方,从古至今出了好多大人物、大人才。他向参加活动的各国嘉宾介绍安徽的山山水水和安徽的人文历史。他说,"安徽的人才不只是在我们国家,在全球都有名"。我根据王部长的推介讲话,想起了伟大的杨振宁老人,他老人家担任中国、美国、俄罗斯以及中国台湾三个国家四个学院的院士,并把三个国家的科学重任承担起来。因他家在安徽,对安徽特别有感情,所以每次来安徽,省里的主要领导都亲自接见。杨老对中美建交起到了举足轻重的作用,对两国的和平发展作出了重要贡献。徽商在全球有着无徽不成商的美名。安徽凤阳县小岗村的农民,以敢为天下先的精神和勇气搞起大包干,推动中国农村改革,扬名全球。坐落在安徽合肥的中国科学技术大学,在全球也有知名度。中科大研发的机器人和智能语音,以及先进的量子通信在全国乃至全球都有名气。

庵棚里的趣事

1975年,我们大队在萧县西边岱山口开山、开石头,算是给大队搞副业。我们一共有10多人,那时条件太差,都是用芦苇搭庵子棚住,睡的是大通铺,地上铺着麦草,麦草上铺着大席,大家在一块睡觉。

回想当时,虽然穷,但很快乐,大家住在一块,一到晚上就看谁会吹牛,笑声不断。有的同志安静入眠,有的呼噜打得特别响,有的精神百倍地大说大笑。有一天中午,因为天太热,我们都分散在山上的树林里休息,三两个一堆,有的找个地方睡觉,有的坐在树下闲聊。我和表叔坐在一块讲话,还有一个姓刘的,他比我大十几岁,在我们10多人里面是个有点文化的人,很会讲笑话,也能出点子,讲一些有趣的事。他最喜欢和我一块聊天,因为他称呼我为表叔。他招手叫我到他那边去,我知道他要开玩笑,就不去,于是他就过来拉我,我知道他难缠就过去了。我问他找我有什么事,他先笑,没回答。我说,你从来不放好屁。他搬块石头让我坐下,并说,表叔,你先坐下,你不是很喜欢作诗吗?我出题,你要作对了,我请你吃饭。我说,天天都有地方吃,我要你请什么,你想说啥快说。他用四个字想让我作诗,我说,我编的都是顺口溜,哪里是什么诗,不像你是有文化的人,会骂人。他说,表叔,今天绝对不骂你,谁要骂你,谁是你儿子,你用"棚、红、层、龙"四个字作诗,作好了,我请你吃饭。我说,怎么为好?再好你说不好,我也吃不上。这时我一想,他肯定是坐在那里看到我们的住处,根据庵棚和锅灶出的题。我随口就回答:

我们住庵棚,锅底三餐红。

蒸馍一层层,锅上盘着龙。

他笑着伸出拇指说,表叔,你没上学太可惜了。我说,别夸我,请我吃饭,找几个人陪客。他马上说,你作得不行,太土了,得洋点、大气点。我开始骂他赖账。他抓着我说,表叔,你别骂,这中午没事,你还按照这四个字重作一首。我说,作什么一首两首的,什么诗不诗的,我们在这里吵得大家都不能休息好,我们这不是作诗,是作死,你是找死。他笑着拉着我不放,我知道我作的诗对他的心思。我又作了一首:

老天好似无边棚,晨升太阳东方红。
天边云彩一层层,乌云里面藏蛟龙。

他怎么也没想到我用天、太阳、彩云和乌云作这首诗。因他有文化,知道得多,他便说,你作得不好。我知道他是想让我继续作诗。他说,我们坐在地上,你怎么能说天上的事?我们又吵起来了。我走了,他又叫他远房的弟弟帮他拉我,因他也叫我表叔,也常跟我开玩笑。没办法了,我说,真孬种。他说,孬种就孬种吧,反正你不再作一首不让你走。我瞬间想到山下面就是岱湖,过去我们村的人经常去捉蚂虾,随即来了灵感:

河莲成片似庵棚,莲花出水点点红。
高低莲叶一层层,深水潭里藏蛟龙。

这时,他笑得像个孩子似的,他很满意,还想缠着我。我看出他此意后,我说,再作一首吧。他很高兴地同意了。他心想,天地你都全用上了,现场的庵棚你也用上了,看你还用什么吧。他万没想到我作诗骂他,因他一次又一次地难为我,我用老鸡孵小鸡的办法骂他:

出题让我难,公鸡怎下蛋。
三周没孵鸡,难我是坏蛋。

二十一天孵不出鸡是个大坏蛋。因他知道难不住我,笑着放过了我,但他无论怎么赖也赖不掉请我吃饭的事,就连他远房的弟弟也说,你如不请表叔吃饭,真说不过去了。后来我不是没让他请,而是那个时代在外面干活,吃大锅饭就是好的。每天中午有肉,他一连几天中午打饭时都跟做饭的说,多给他盛几块肉,要给表叔吃。他中午把碗端到我面前,先夹几块肉给我,他再吃,我也把他搞得几次不得安生。反正不论吃几次,我都说,不算请客,因为没到饭店,你给我的肉都是大家的,你没少吃一点。

就这样,大家快活了好多天。现在想想,那个时代虽然穷,但大家在一块是多么快乐、多么幸福。

拔穷根

> 扶贫需要扶根本,盼望明年拔穷根。
> 家家户户有活干,大人小孩不讨饭。
> 后年杜绝缺粮户,贫困对象全救助。
> 农田增收再高产,副业解穷必在前。

这8句话,是我1978年到岗北村第二生产队当队长时在队委会上说的(大体意思写在日记里),很快传到社员耳里。有的人说我年轻太狂了,自高自大,说什么我们队的产量在全县都是最高产,我们每年每口人分小麦已达到300斤了,再高还能高哪去?我知道这个生产队的队长是大队支委,他和萧县郭宏杰一起参加地区先进代表会,在那时郭庄的产量也比不上我们岗北村的第二生产队。当时有的生产队每人一年只分几十斤小麦,有一个邻村的生产队,每年每口人只分3斤7两小麦,这个书记和队长被游斗于全县。我到村二队当队长时,每人每年平均300斤小麦,因为前任队长太能干了,农活做得特别细,一般人干的活他都看不上,在种地上有一套,大家都服他。论辈分,我还得叫他叔叔,我到他队去,他特别欢迎,他又调到其他生产队当队长。村二队有几位年龄大的人担心我干不好,都说土地只能种到这样了,怕我把粮食产量搞下来,农民吃不上饭。有个别人直接说我初生牛犊不怕虎,但他们多数人都知道我有个性,认为我能干好,特别支持我。我想不论什么意见对我都有好处,特别是那些反对的意见,对我更有好处,因为他们使我更谨慎、更认真。我还总结两句话"逆言贵如亲,顺言听时慎"来时时告诫自己。我到该队后,把我的生产计划和工作方法向群众说清,同时承诺,如果没有天灾人祸,产量不增加,不给农民增收,我自动回家。因我是跨队干的,绝不会影响大家的收入。后来我采取科学种田的办法,多积农家肥,首先把底肥施足。同时我在外边有一定的关系,能买到进口复合肥等优质肥料。我把队里的每户人家的劳力情况搞清楚后,再看看过去那些缺户的原因,得知本队有几户人家长年没有多少活干,因为活不多,不够壮劳力干的。我发现此情况后,便想把副业搞起来,把荒山利用起来。因为该生产队有一片荒山,每年有一位看山的人,但只能收点红草,红草仅用于农民建房。我想,将来建房都得用瓦,谁还用草呀。于是就到公社找领导批准我带领农民开荒。我怕他们个别人反对,如果给我扣顶毁林开荒的帽子,我就是犯错误了。没想到很快批下来了。我把生产队的壮劳力都抽下来干重体力活,有的壮劳力,我还把他们抽下来到处拾粪便。因为那时候养殖都是放养,生产队的牛驴都到湖里干活,粪便都丢失了。这些劳力就下湖跟着牲口拾粪,就连学生放学后也到处拾粪交给生产队换工分。我让会计买日记本、圆珠笔奖给小学生,还把每户的厕所装沙缸,用水泥砌好,不漏水,每天早上有人把大小便挑到颗粒肥料场。为了建几间大房子搞颗粒肥,我开了好多次队委会,我说把农户的鲜大小便收来,收的鲜粪倒进大屋的池子里,再用干土拌好、搓好,堆放在房子一头。这些鲜粪拌干土发热后,就被拉到地里作底肥。因为不被阳光晒,没被风吹干,肥料质量能保住,同时农户的厕所也卫生了。农户得到工分,农业产量也上来了。那年我们生产队的小麦平均亩产量700多斤,秋季水稻和玉米平均产量都在1000多斤,我们种的100亩小麦收了7万多斤,社员平均每人分小麦500斤、水稻300多斤,还不算绿豆、芝麻、大豆、山芋等杂粮。

为了大搞副业,我到处找门路。当时这个生产队的人会打席的多,我又把全大队的苇子买来,个人借钱给队里买苇子。我到江苏徐州买来几套打草绳的机器,又到本县石山子请师傅来教队里的人。就这样,会打席的打席,不会打席的用苇子织箔子、打草绳,让全队都没有闲人。因为我在外边有关系,做的东西能卖出去。在现在说叫扶贫,又叫精准扶贫,中央的好政策不让那些没有技术、没有劳动能力的人再穷下去,现在政府扶贫力度大,以人为本,让农民能感到幸福。但我认为,扶贫应先扶志、扶智、扶心,给他们找准就业的机会和适合他们的事干,只有这样才是最根本的、最长远的扶贫办法,让贫困的人尽快脱贫,过上好日子,彻底拔掉穷根。

从目前扶贫力度看,中央领导真是亲民爱民,心系农民。我根据一生的做人做事的原则,又想起1978年我到二队当队长时的"拔穷根"的8句话,想借此认真总结经验,让贫困户尽快脱贫,走上共同富裕的道路,过上快乐幸福的日子。

不孝之子伪体面

母亲病痛守破房,儿子漠然不赡养。
鸟兽尚知养育恩,做人岂可丧天良。

2017年9月的一天,有一户人家正在吹吹打打,为母亲大办丧事。"孝子"40多岁,姓李,咱们就叫他"李虚荣"吧。

李虚荣是出了名的不孝之子,他母亲有病,他却很少主动带她看病,亲戚朋友看在眼里急在心里。李虚荣的小家庭日子过得还好,就是不孝。他母亲原来住在破旧的老房子里,李虚荣靠扶贫政策,给他母亲建了两小间房子。他母亲一个人住在里边,他每天除了给母亲送饭以外,从没真正关心照顾过她。送饭时把饭倒在碗里就走,如果母亲吃剩了,下次送饭还是倒在里边,从不给母亲刷碗。邻居有时看他母亲可怜,就帮她洗洗刷刷。他知道后还骂人家,说人家故意让他丢人。他家的亲戚也不敢来看他母亲,怕惹来他的责骂。母亲有时候因病痛得叫起来,他也装作听不见,叫的声大了,他就走远一点。邻居不忍心就偷偷去看看老人家,但从没有人敢说见到他母亲了,更不敢说他母亲可怜。有一次,他在外面和别人打牌,他母亲痛得实在受不了,就叫人找他。别人不敢叫他,就找到和他关系不错的人把情况转告给他,他竟然连理也不理,继续打他的牌。母亲由于伤心,病情加重,不久便离开人世。母亲去世后,他竟然找了不少人为他母亲操办丧事,想让人家看他多孝顺。丧事办得很隆重,在周围村算是好的。像这种薄养厚葬、借机敛财的人在当今社会不止李虚荣一个人。我认为,我们的国家经济发展这么快,人们的生活水平提高了,像过去那样吃不饱饭的人少了,从求吃得饱到吃得好,再由吃得好到吃出健康来,从无房住到有房子住,直至住上楼房。但是人不能丧尽天良把父母的养育之恩忘掉,把人的根忘掉。我们自己生活有困难,条件不好,但不能没有孝心,哪怕是乞讨或是向社会求助,也不能让亲生母亲饿死病死啊!一个人不孝顺老人,将来老了怎么办?

参观南开大学

南开大学美名传，校风淳正制度严。
吾羡名校心思久，欲览校貌遂心愿。
门卫善解我心情，开门放行给方便。
游罢回首感慨多，为国育才高精尖。

2001年，我去北京办事路过天津时，参观了南开大学。因为我重视教育，热爱教育事业，所以特别羡慕名校。想我小时候没有上过几天学，始终有个大学梦。虽然梦难圆，但看看名牌大学，也能弥补一下心里的缺憾。所以一有机会去大学看看，就不想放过。

我们把车子开到学校大门前，我下车跟门卫同志说想进去看看，但他不同意。没办法，我和司机说，咱们就在这里等着，一旦有当地的车子进去，我们就紧跟在后面往里开，无论如何都得进这所名牌大学看看。又一想，等不是办法，再说如果跟不进去，再和门卫发生矛盾，多不好啊，不如再和门卫同志商量一下。于是我又找到那位门卫，满面带笑地说，你看我们这么远来一趟也不容易，因为家里几个孩子都在上学，有的很快就要参加高考，都说南开大学好，我们想先来参观一下，今天一来才知道更好，因为亲眼看到学校的管理，特别是像您对工作这么负责，更能说明该校在管理上特别好，您这样负责的行为就是这所名牌大学的形象。我们从安徽到这里，来一趟确实不容易。他说，你们的车子不是大连的吗？我说，您听我说话像大连人吗？车子虽是大连牌照，但人是安徽人。他接着说，你们是黑牌照呀。我笑着说，再黑的牌照来到您这里也不管用呀。他笑着说，您太会说话了，等我请示一下，看能否让你们进入学校。后来经过有关领导批准,我们终于如愿以偿。

　　我们在南开大学的校园里转了一大圈,一边看一边议论,都说真不愧是名校,如不是有事,真想在这里再细细参观,看看学校的校风、校规、校训,回去讲给孩子们和其他人听听。我到过清华大学、北京大学、中国人民大学,今天又看了南开大学,我们的国家有这么好的学校培养人才,何愁中华民族不能振兴崛起呢?

德与才

有才可能来生财，有德才能用好才。

家产如山无德才，黄金耗尽不再来。

1997年，我和一位技术工程师说，在技术科选几个人送到江苏徐州矿大培训。他说，费用太高。我说，如果能把技术科的人分批送到矿大培训，他们肯定会认真学习。后来经过再三权衡，把徐州矿大的何教授请到我们矿上，边做项目边教我们技术科的人。何教授虽然只来了我们矿几次，但对我们技术科的人来说，收获很大。他们是结合实践学习，学历虽低但知道学习的重要性，很短的时间里，他们就把煤矿的重要规程学会了并运用到实战中。接着我们又在大矿请来退休的高级工程师现场教他们。用这种方法，几年来培养了5位年轻的矿长，他们都是独当一面的好手。

后来我把矿卖了，有的人被外矿请去当矿长，待遇很高。机电科培养了一大批年轻人才，他们有的仅是小学毕业生，还有的初中辍学，但有丰富的实际操作经验，都是技术高手，被聘到外边矿上，有的年薪有十几万元。

汗水出奇迹

1982年春天,我们村里的几百亩小麦遇到了干旱。站在山上往下望,基本上看不着麦苗,因为干旱,麦苗幼小枯黄。但是我们家的两块地却看得特别清楚。两块地里的小麦长得绿油油的,在全湖里特别显眼,到地里细看,麦田又抽出新叶,因为这是我们全家用汗水浇灌出来的。

春节前,我到江苏徐州的棠张镇托人买了两袋进口复合肥,春节后想把它施在地里。但天不下雨,于是我们全家齐动手,刨穴挑水,施上肥料。两块地三亩小麦我们干了三天多,才把肥料施好。后来取得大丰收,有的人认为是我家的小麦品种好,要和我们换麦种。他们哪里知道,我们的麦种与他们是一样的,只不过是我们为小麦浇灌了勤劳的汗水,才有了这样的收获。

割草打石两不闲,一人挣足两份钱。
吃苦受累平常事,流血流汗心里甜。

我在山上打瓦子石送到煤矿卖钱,那时候一块长、宽、高均30厘米的瓦子石只能卖3角5分钱,但我认为不论打石挣多少钱,都得把地种好。每天到山上打瓦子石都能看到我们家的麦田。收麦后,种秋季作物,忙得不分昼夜。改革开放后,我们家常年养三四头牛、驴,我每天天刚亮就从大山上割一捆草下来,然后再打瓦子石挣钱。我去割草的山海拔有300多米。有一天中午,我背着一捆草回家,一位姓许的表叔跟我说,庆习,你知道你这捆草值多少钱吗?我说,表叔啥意思呀?他说,你的技术这么好,打一车子瓦子石能卖十几块钱,你不能算算吗?我说,表叔,我没耽误打石头呀,我从山上割草回到石堂窝,刚好天明,两头都不耽误。他说,乖乖儿,你真能干呀。我说,不能干能行吗?多少张嘴问我要吃的。他知道我养的牛多,但他不知道我养的牛能挣多少钱。我说,表叔,牛有肚添三分膘呀,一头牛有膘多卖百把块钱不难。他说,是的,那你的身子吃大亏了。我说,没什么,从小受苦练出来了。

我们在山上打瓦子石遇到大石头就得放炮。有一天,我这一炮放得特别合意,炮响后,临近石堂里的石工都来到我那,他们一看,炮炸得恰到好处,都拍手叫好,说这一炮能够我干半年活的。我到堂里一看,确实不错,我也高兴地跳起来。

黑龙江印象

2011年,我去黑龙江的一位学生家家访,也是为了给学生省去春节放假回家的路费,让学生坐我的车子一道回家。

有一位学生是河南的,离我们这里很近,我们走西路把她送回家后,再向北去,一路上有学生上网搜寻好的路线,很顺利地到了他家。等到了黑龙江省地界时,我仔细地往两边观看,真是一望无际,空气也比我们当地要好得多。土地肥沃,人烟稀少,大豆、玉米的种植面广得看不到边。农民的住房宅基地太大,村庄分散,有的一户占好几亩地,我看着觉得实在可惜。据学生的家长和当地人说,黑龙江省的地下资源特别丰富,该省的玉米、大豆在全国都有名气,并畅销全国各地。

这次是在学生家里吃的饭,那些用土特产做的饭菜,真是味道鲜美。家长的热情好客让人觉得心里暖暖的。此次对学生的家访,让我感觉到,黑龙江真是"天蓝云更白,地广人更美,名气美不虚传"。更使我终生难忘的是有情有义的黑龙江人,他们让我如亲人般地思念他们。还有那壮美的山水不时地闪现在我的脑海里。

花博会上遇老外

2000年3月,我和懂花卉苗圃的庞师傅,还有其他两位同志参加在北京举办的世界花卉博览会。

各参会国带来的花卉品种琳琅满目,让我们开了眼界,大饱眼福。此次博览会规模之宏大,规格之高,令人惊奇。由于是世界级博览会,参会人员素质很高,言谈举止文明。谈合作项目,互相尊重,守法守则。博览会在北京召开,我作为一名中国人,在外国人面前,一定要给中国人争气,必须在行为上规矩文明。在游览时,我发现一位老外,他长得高大帅气,行为举止文明,身边跟着一位美女翻译。我一边游览,一边仔细观察着这位外国人。这时,他从包里拿出一个面包用手捧着,边走边吃。突然,像豆粒子一样大的一块面包掉在了地上,他马上弯腰把它捡起来,我想可能要扔进垃圾桶吧。但我万万没有想到的是,他很自然地把它放进嘴里吃掉了。他的行为,让他的形象在我心里又提升了一级。我心想我的节俭行为就很少有人能做到,我在家吃饭,只要能看见的,别想让我浪费一粒米。一届县人大代表大会、一届市党代表大会和两届省人大代表大会,还有四次中国创业之星大会,每次参会就餐,我的碗里,从没剩过一粒饭,就是掉在桌上的也捡起来吃掉,从不浪费。因我是从苦日子过来的人,我把节约当成一个人的修养和品质。今天在北京这美丽的首都能看见一位老外比我还节约,真是敬佩。老外边吃边走,来到一张茶桌旁,和那位翻译坐了下来。我心想,可有个机会和他聊聊了。经过女士翻译后,他很有礼貌地和我聊了起来。他说,他打算在中国投资数亿元建一个项目,土地面积最低不能少于10000亩,越多越好。我好奇地问了翻译一句不应该问的话,问他有多少资产。翻译早已知道他的情况,说50多亿元。我吓了一大跳,因为在那时候50多亿元是个不得了的数字,虽然经常听说有钱人多得是，但我知道有很多数字是吹出来的，看到这位老外的各种行为，不像是一个爱吹牛、说大话的人。经过交流，他对我也有好感。他说，他来中国投资，想找个好的合作伙伴。看当时情况，他有与我合作的意愿。因我与他毕竟只有一面之交，加上本身的条件有限，所以就婉言谢绝了。

后来，他要与我合影留念，我特别高兴。他的个子很高，我站在他跟前像个孩子，他马上坐下来，一把把我揽在怀里，一只手揽着我的肩膀，一只手紧紧握住我的手，我也同样用一只手揽着他的腰，当时场面特别感人。我们合影后，又交谈了很久才分别。在合影这件事上，我感受到了他的细心和人品，我特别感动，他是一个具有高尚品质而又容易亲近的人。

坚韧与情谊

1992年，我准备在老家许岗子村开采煤矿。开矿不是小事，需要政府和有关部门批准才能动工。我开采煤矿的决心已下，就到各有关部门找人求助。最重要的是把开煤矿的各种手续先办全，尤其是地质资料，难度特别大。我暗暗给自己鼓劲，不论困难多大也要办成。

我想先给一位副县长汇报。他听我说完，马上阻止我说，你正修着路，有活干，对修路你又懂，你修的路质量又好，大家都认可你，你为什么会想到要开矿的事呀？你知道开矿有多难吗？开矿风险特别大，地下的东西没有详细的地质资料怎么能开采呢？光办开采手续就够你跑一段时间的，何况你是个外行。我说我已下决心了，但他不同意。因为他分管的事多，太忙了，我也不忍心再打扰他，听他说得这么复杂，根本没办法办，我就走了。

我这个人特别有韧性，只要认准的事不办成绝不罢休。我暂时不找他了，先把开采资料备全，再下决心缠着他。这位副县长人很好，重感情，又正直，我跟着他修了好多年路了，因修路还经常找他批柴油，他总是尽力而为。我给他买了一小篮鸭蛋，他不收。我就说，是自家养的鸭子产的蛋。我刚一提起开煤矿的事，他就说，你把资料找全再来找我。我说，那我什么时候能找全呀？因为他认为我肯定找不全资料，就说，你什么时候把资料找全，我什么时候给你批，还不行吗？我把已写好的申请报告拿出来，说你先给我批，如果找不全资料，我就放弃了。他说不行，我不能害你，因为资料不是谁都能拿到的，找资料得花多少钱呀？你赶快放弃，好好修路吧。这时，我把包里的资料全部拿了出来。他很惊奇，问我，你是怎么把所有资料都搞到手的呀？我说，县长说话不能不算数吧，您说只要找全资料就给我批，这回可得批啦。他说，我一个人说了不算，开矿不是小事，我得和有关职能部门的领导在一起研究才行。这样我又白跑了一趟,我离开他的办公室,赶快去找煤管局。因为我早就到其他有关单位跑过了,特别是煤管局。后来我得知副县长根本没找他们,他认为我有活干,开煤矿太冒险,他是为我好,不想让我冒险,善意地阻止我。我看他下决心用各种办法关心我,阻止我冒险,他的善意我特别理解,我想我的资料齐全,符合开矿标准,我得磨他、缠他,把他磨急了,他就有可能给我批。结果我又去了他办公室好多次,他总能找到充分理由不给我批,但我始终没放弃。

有一次,天快要下雨了,我怕回来路滑,没骑自行车,就早起走着去县城。我们家离县城30多里地,正好到半路下雨了,到他办公室时还不到八点。不一会,他来了,看见我,说的都是特别关心的话,我差点流泪。他看到我下半身全湿了,脚上的布鞋像在水里泡过似的,他就说,你铁了心想开矿吗?你知道风险有多大吗?你家门口那两座小矿投入多少钱?都几年了,倾家荡产,你能看不见吗?我说,县长,我知道你关心我,但我为开采煤矿这事都瘦了10来斤了。他说,我能看不见吗?你能把我缠死。说着,他就叫我把报告拿出来,他挥笔批了,我当时感动得流泪。他批后又说,你赶快买双鞋子换上,别生病了。我说不必了,还得回去。他还关心地说用他的车子送我,我知道他忙,连忙说不要送,就走了。后来,矿里出了些问题,按资料上的说法是没有挖出煤。正当我处于最困难的阶段,他亲自来看我,并安慰我,我特别感动。

我记下这件事的目的,是希望人们把亲情、友情看作重中之重,把金钱看淡一点。同时,你认为已经想好准备去做的事情,就要以坚韧不拔的毅力坚持到底。做事要有充分的准备,更要有韧劲,才有可能成功。

俭以养德

　　1984年，我因躲计划生育政策住在龙山子岳母家，为了生计就在附近村里承包民房基础建筑。由于我技术好，干得又快，接了不少活，我一个人三至五天就能建好三间房子的基础，砌的都是石头墙，一般一米左右。后来计划生育工作抓得不紧了，我们村里人知道我接的活多，就请了五六个石工和我一起干，请的人都住在我岳母家，岳母给我们做饭吃。由于我们的活多，干得也好，挣钱也不少，伙食特别好，每顿饭都有七八个菜。这样，我岳母的工作量也就增大了。一位六十多岁的老人做饭给我们六七个劳力吃，太不容易了，但她很高兴，对我们也特别热情。由于我们都不见外，生活上也很随便，吃饭时总是不注意，掉得满案板都是菜。六七个人就数我年轻，又住在我岳母家，我也不好说，我心想，我们都是大人，都是身强力壮的男子汉，怎么能不会过日子，掉在案板上的菜应捡起来吃呀，因为这些菜也都是我们的血汗钱买来的。为了不浪费，我每天都最后一个吃饱，把案板上的菜捡起来卷上馍吃掉。我这样做，还怕他们知道后不好意思。但有一天，一个表哥看见了，他和其他几个人说起此事，还说，我们吃饭可得注意啦，这比批评我们还难看。有的人接着说，就凭他那性格，如不是住在他岳母家，早就训我们了。由于我的人缘好、技术高，我们村大多数人都跟我在外边揽活干，自从表哥看见此事和他们说后，吃饭时案板上再不掉菜了，就是谁夹掉了，也会随即捡起来吃了。

　　我常说，节约能反映出一个人的修养。老百姓都知道：吃不穷，喝不穷，算计不到得受穷。这个算计，就是省吃俭用，过日子不能铺张浪费。

节约是美德

有一次,我在某高校食堂吃午餐,进门时发现食堂墙上有两句话:"一粥一饭,当思来之不易;一丝一缕,恒念物力维艰。"进入食堂后,看到饭菜品种很多,看上去鲜美。因我吃饭简单,只盛点米饭,打两样菜、一小碗汤,吃着感觉很好。由于吃饭快,几分钟就吃饱了。我就到收碗筷的地方看有没有剩饭的情况。虽然没有看到把饭菜吃得饭不剩一粒、菜看不到的情况,但还算不错。我认为高校学生素质好,不会浪费多少。谁知来了一位女孩子送碗,我一看,连一半也没吃完,就交给了正在收碗筷的女职工,女职工随即把它倒进大桶里。接着又有一男一女同样浪费饭菜。我问那位女职工,像这样的现象多不多?她无奈地说,没办法,年轻人,都习惯了,很正常。我说,他们太不理解农民的不容易了,农民的血汗都让这样的人给糟蹋了,这样的人不仅仅是在浪费粮食,更重要的是没有修养。我常想,也在不同场合讲,党和政府应立法,严管浪费之事。

有时我和正直节约的人谈到浪费之事时发狠说,浪费天理不容。我常讲,天天教育安全为天,不如出现一次大事故,但人有惊无险;天天教育不要浪费食物,不如来一次大灾年,什么食物都缺,有钱也买不到,按计划供给,饿得再瘦只要不死都行,即使死了人也让人受教育。这种情况虽然谁都不想遇见,但教训至深,比什么教育方法都好。我提醒那些不珍惜农民的血汗、浪费无度的人,你们肯定没有好结果,这是规律,更是天理。天理能包容万物,它一让再让,一忍再忍,只有承受不了了才发脾气。希望那些无度浪费、糟蹋农民血汗的人速改过错,因为天再大度,也是有量的。

食堂里的浪费不仅仅是浪费,最重要的是这些好东西成了垃圾,产生各种怪味,气味污染了环境,污染了大地之母。我写过一篇《尊重大自然》的文章,讲的是"地是万物之母,人是万物之神",不论什么神只要不尊重母亲,就没有好结果。从家庭到大小饭店以及大小食堂,如果能节约不剩饭菜,达到光盘效果,就不会造成气味污染,大地母亲就能生产出健康的孩子——农作物。农作物的生长更不受气体的污染,这样的农产品百姓吃了能不放心吗?身体能不健康吗?我们国家人为造成的食堂垃圾危害已到了高危期,如果这样下去,这颗无声的原子弹一旦爆炸,带来的灾难不可想象。

曾经有一位中国科技大学的研究生问我,王爷爷,现在的年轻人为什么生育能力这么差呀?我说,你想一想,年轻人吃东西讲的是味道,很少能吃到过去那种不受污染的原生态的东西,这样的生活方式能带来好的生育能力吗?我们现在住的房子,大多数都装潢,有的房子装好了,怪味很重,半年不能住,房子装潢得不好对身体危害很大。虽然现在大家都注意了,高科技的发展速度也比过去提高了,但从人身健康方面看,有的问题还是解决不了。还有特别重要的一件事,就是"行",现在的人,特别是年轻人,出门就是坐车,骑自行车的都少多了,像这样的出行能利于健康吗?无度的暴饮暴食,无度的熬夜,怎能利于生育呀?如果不是我们的医学发达,那么人的生育能力更差。

总之,我们要看到中国共产党带领全国各族人民创造的辉煌功绩,使我们的国家富强,人民幸福。但是我们要在发展中找不足,千万不能忽略了节约精神和尊重大自然、保护大自然的意识与行为。因为节约和尊重大自然,最能检验一个人的道德品质,是修身养性、利于健康的法宝。

精彩人生

一个人，在有限的生命历程中穷尽智慧去思考社会及现实生活出现的各种问题，那他对自己的了解也会不断加深；一个人，在有限的生命中，集中力量朝着一个特定的目标努力，那他最后一定能够到达理想的彼岸；一个人，能独善其身而又兼济天下，那他的个人魅力必然能吸引众多的人与其共同做事。这样的人，能担得起社会的责任又对得起亲朋同仁，他的人生一定是精彩的。

我与一位在党校工作的年轻人殷晶晶是朋友，我们相识于她在安徽大学读本科期间，因她是我资助的学生之一。我在她读大二时认识她的，通过观察了解，看出她在学习上非常刻苦，而且她性格开朗、活泼大方、言语谨慎，有才能，从不自高自大。要说家境，算不上差，但也绝对算不上好。她爸爸是乡村小学教师，妈妈没有正式工作，一直断断续续在镇上打零工，还有一个妹妹，在她读大学的时候上高中。供养两个女儿上学，这样的家庭压力是可想而知的，但是姐妹俩都很优秀，先后考上重点院校，后来又都读了研究生。2013 年，殷晶晶从北京师范大学研究生毕业后到广东一所市委党校工作，妹妹也在研究生毕业后去了上海工作。所以，在去她家跟她爸妈见面的时候，我就说她爸妈重视教育子女，有眼光，看得远。因为我看到她家就住在村小学的两间宿舍里，家里也没有什么像样的东西，全部收入都用在对两个女儿的教育上了。

从认识以来，我们经常交流，有时打电话聊一聊，有时她从合肥路过会到我家来。我们聊的都是国家发展的事，社会进步的事，个人如何为国家作贡献的事，从没有说过自己如何挣钱发家的事。我也常讲，一个只为钱不向前的人很难做成什么大事，一个有前途的人还能没有钱花吗？所以我跟她讲，人要拥有光明的前途,一靠智慧和能力,二靠较高的素质。没有高素质,即使你有智慧和能力,也没有前途。她在党校经常给人讲课,我就问她,你给最基层的村支书讲过课没有?她说没有讲过,但经常要下乡调研,跟村支书交流。到下边调研时发现有的村支书特别了不起,有相当的工作经验和工作能力,水平很高,是我在书本上学不到的,每次去收获都很大。我和她说,你别看村支书官小,如能当一名合格的村支书,就能当乡长、镇长,说远一点能当县长,因为上边千条线都穿在书记这一根针上,所以这根针,什么活都得会做,会插花描云,绣龙绣虎,还得会缝破补烂。她说,确实是这样,不论什么学历,没有真正的实践经历就是不行。我夸她,当了党校的老师,仍在不断地学习,真棒。她说,王叔,我永远都得向您学习,不断学习。我说,互相学习呀。

有一天,她打电话跟我说,王叔,我决定考博,因为觉得自己现在的水平明显不足,当一名党校老师不够格,想继续提升自己。我说,好啊。但是我特别关心她的个人问题。因为我自己女儿多,有体会,知道女孩子越是有本事,就越难找男朋友,不知不觉就过了结婚年龄。她回答说,考博之前我会把这件事情放在心上。以前,她从广东回家绕道合肥来看我的时候,我说,你要没找到男朋友,你一个人来,我不管饭。她说,我很快就能找到,一块到你家吃饭。谁知她是骗我的,那次来还在我家住下。第二天早上,我们去打羽毛球,我说,你不仅成绩要好,身体也要好。她说,今后只要到合肥就陪我打球。说实话,一个女孩子工作之后再去考学不容易,年龄渐长,还单身,对她来说,能下这样的决心,是需要勇气的。大半年后再联系,我才知道她考上了复旦大学的博士生。这大半年,她全身心地投入,一边工作一边准备考试。早上六点起床看书,下午下了班继续看书,几乎每天都学习到晚上十一点。在这个过程中,她也收获了一直陪伴着他的老公。

这以后,我对她要求更高了。我问她,晶晶,你知道世界上的人最怕什么吗?她想了一会,说不知道。我虽然没有文化,但我是一个爱思考的人。对她就像对自己的女儿一样,总觉得不见外,谈话就能放得开。我说,世界上的人最怕的东西有两个,一是原子弹,二是演讲术。一支英勇无敌的部队能被对方一位高明的演讲家讲得丧失战斗力。她说,我记下了。我问她,你现在课讲得怎么样啦?她说,还好,但总觉得还有很多不足。我说,你经常下去调研,要从实践中求得真理,掌握第一手资料,勤思考,把一些鲜活的事例讲给大家听,就像万向轮一样,无论怎么转都向一个方向努力,这样就能抓住大家的心。我说,我衷心地希望你家庭幸福,事业有成,将来能以自己的智慧和才能为国家、为更多的人服务。

　　殷晶晶已结婚生子,对象是一位武汉大学的优秀的博士生。妹妹研究生毕业也有了一份好工作,她爸妈的辛劳付出,终于有了美好的回报。

金融危机中的谣言

谣言惑众危害大，行端坐正不会怕。

社会传言多无据，水落石出驱虚假。

1998年是我一生中最难忘的一年，这一年的困难，在《感恩的心声》一书中已有记述，不再重叙，现仅就当时社会舆论和个别人的谣言简要谈谈。

当时有这样几个方面的传言说我的难言之痛，我也没法和他们说明事实真相，只能用时间证明我的所作所为。谣传大体有这样几个方面，有的说王庆习欠银行一亿多元，银行已报案，公安局要逮捕他，说不知他现在跑到什么地方去了；也有的说，看现在存这么多的煤卖不出去，实际煤钱他早就拿到手了，到外地存上了，许多工人工资他不发，到时候不见人，谁能找他去呀；特别是还有人说，王庆习早就到东北给人家做广告去了，广告都有人见到了。我想竟然有人编这样的假话，我如能有本事给人家做广告那就好了呢。从这些谣言来看，很多是想象出来的，因为我在当地没有得罪什么人，但个别人可能是有意造谣。那时候虽然欠了工人8个月工资，但我还是参加煤矿每晚雷打不动的调度会，有时给大家鼓鼓劲。虽然长达8个月没开工资，但我们的职工和各单位的负责人基本没有流动，相比于其他单位还是比较好的。有的谣言，不用我去驳斥，因为我问心无愧。但企业里其他同志愤愤不平，替我解释。我跟他们说，不要解释，你越解释越不好，等待时间给我洗清吧。

后来，没多长时间，我就把所欠工资全部发清。当时办公室德高望重的李主任对我说，庆习，这些日子把你难为坏了，现在好了，都熬过来了。他还编了几句顺口溜："九七九八加九九，三年困难没低头，闯过难关再发展，前面就是金字塔。"

从大家辛苦工作拿不到工资,到把工资全部发清,谣言不攻自破,好坏立见分明。今天把这些事记载下来,留以警示自己,使我不忘初心,常怀忧患意识,保持定力,多做有益于社会和他人的好事。

苦中求乐利成长

苦中求乐胸襟宽,风雨过后艳阳天。

艰难磨砺勇面对,困苦渡过是甘甜。

1972年,我的大女儿王艳生病,到萧县看病。因我岳母家住在县城边,离医院很近,我老婆带着孩子住在岳母家,我还得为了生活想办法挣钱。因为婚礼办得隆重,花的钱多,还欠不少账。那时家里刚买了一头小猪,由于家里没人,每天晚上我必须回家喂猪。县城离我们家有30多里路,下午从县里回家,如果晚走一会,到家时天就黑了。

有一天,我刚到家,发现刚买的小猪不见了,我就到处找。邻居听说我家的小猪丢了,来了七八个人帮我找猪,找了一会没找到,我就回家了。到家后,敬叶弟吃过晚饭到我家来玩。那时候,我老婆只要不在家,我表兄弟许敬叶就到我家给我做伴。他问我,你怎么这么热,有什么事呀?我说,小猪丢了,现在外面还有七八个人帮我找。他说,你看看,小孩子还有病,刚买的小猪又丢了,真倒霉。我对敬叶弟说,没有事,你在家等着,等帮我找猪的人回来,别让他们走。他说,你干啥去?我说,买羊肉去。他说,孩子看病还得花钱,你买什么羊肉呀?谁家没有饭吃,让他们各自回家吃去,帮忙找只小猪能算什么事,你整天帮人家也没见你吃人家的饭呀。我说,我还有两元钱,能买六七斤羊肉。因为那时候羊肉三角多钱就能买一斤。说着,我就去叔叔家买羊肉去了。叔叔问我买多少,我给他两元钱,说,就买这些钱的。奶奶问我,都这么晚了,你这孩子买这么多的羊肉干什么?我把别人帮助找猪的事和奶奶一说,她说,乖乖儿,你这孩子太讲究了,帮个忙能算什么事呀?接着又说,你看你婚礼办得多隆重呀,办得又好,我听说还欠不少账。我说,奶奶,慢慢地都能还上。我也没空和奶奶多唠唠,就赶紧回家熬羊肉汤。到家后,把羊肉切好放在锅里,敬叶帮我烧锅,我又把早上剩的山芋锅饼切成片。我说,就吃羊肉汤泡馍吧。他烧着锅,我就出去找他们几个人,把他们找到时,有的人跑到东山去找了。他们都回来后,看见我熬了一锅羊肉汤,都批评我说,孩子还病着,猪也丢了,你还这样做。我说,就当会餐。虽然人不少,但六七斤羊肉做成的一锅汤,大家喝得热乎乎的,我心里特别高兴。敬叶说,你看看明天还得给孩子看病,就两块钱也给花了,买这么多的肉。我叫敬叶喝羊肉汤,他说,我吃过了,你赶快吃吧。这时大家才知道我还没吃饭,都说,你不说吃过了吗?你看看怎么办,剩的都是清汤了,没有羊肉了。我笑着说,吃肉不如喝汤。我把切好的山芋饼子泡在锅里热热,吃了好几碗。敬叶说,庆习哥,你从中午到现在可能都没吃饭吧。我说,一忙起来,也不觉得饿。我心想,本来打算从县城来家后再吃饭,没想到猪丢了。他说,再大的事搁你身上好像没有事似的。我说,什么事摊到身上都得挺过去,像今天这么多的人一听说我的猪丢了,都来帮忙找,找得这么晚,这不是花钱的事呀。等大家走了,我又去借点钱,准备明天一早到萧县给孩子看病。就这样,没几天女儿的病好了,就回来了。

  我想把此事写在书中,以鼓励那些暂时有困难的人或者有很大的困难暂时得不到解决的人,一定要在困难中坚强起来,在困难中求快乐,求办法。这样,有利于我们强大心灵的成长和博大胸怀的形成,要懂得风雨过后就是艳阳天的自然规律和坚强渡过难关前面就是平坦大道的人生道理。

理解与耐心

1994年,我开建的煤矿主井基本完成。开始打风井了,我的风井是承包给国家地质勘探处33处建的,给我建风井的带队的队长姓黄,他们全是机械化操作,共有10多人。那时主井、风井刚建设,矿里条件不算好,但有一部电话。由于村里通信条件不好,周围村不断有人到我们矿打电话,特别是我们村,还有我们的职工,这样就影响了我们的正常工作。后来,负责电话的人向我提出,坚决不对外,说我们不是其他企业,是煤矿。她说得特别有道理,我同意她的意见,但又一想,人家外面有事,又远,应该给人家行个方便。我给她说,暂时别控制了。她说,暂时可以收费。就这样给外人方便了,但有的人不懂情理打起来没完没了,后来提高收费标准才好一点。但是承包风井的10多个人的电话特别多,看电话的和我说,他们建风井这么长时间,得叫他们自己安部电话。我说,我知道你是为我好,但是如果让他们自己安电话,他们还得专门用一个人看电话,这会影响他们的工作。就这样,她同意我的说法。在那时通信条件较差,这部电话起了很大作用,但看电话的人受不了了。有一次,我在门卫处和人说话,我看见,看电话的人在门口站了一会,进去了,一会又站在门口,我问她,你是不是有事?她说,我早就想叫你帮我。我说,好吧,你有事,我先替你看一会。她就出去办事了。这时正好来一个电话,我接电话说,喂,你好!我是许岗子矿。她说,知道你是许岗子矿。我心想,这人怎么这样呀。我因经常跟看电话的说,接电话首先就这样说,我想这没有什么不好呀。她说,你赶快给我找黄队长。我放下电话就跑着去找黄队长,谁知到处也找不到,他们自己的人也不知道他去干什么了,我又跑回来给她打过去。她说,怎么这么长时间?我说,没找到他,等他回来让他给你打过去。她说,我没时间等,你再去找。我心想,她这样不讲理又没有礼貌,肯定有急事。我又跑去找，找遍工地也没找到，黄队长的人看我急得出了一头汗，都问有什么急事，我也没法给他们说。第二次给她打过去，她竟然说得特别难听。第三次，找到了黄队长，我说，你抓紧给家里回电话。他看我很热，就说，不好意思，我休班上山玩去了。我说，没事，你赶紧给家里打电话。我知道他家有急事，说着看电话的人来了，我就走了。后来听说他家的孩子因不好好学习，妈妈没办法就给老公打电话，我听到此事，心想，我挡了她对老公的怨气，我当了她的出气筒。她在电话中得知我是开矿的主任，是老板，她当时就跟老公说，赶紧替我向人家道歉，我太对不起人家了。他老公找到我说，老板，对不起，我家属太没礼貌了。我说，我特别理解她当时的心情。

  为这件事，我想仅仅因为一个孩子不用功，就对一个陌生人发这样大的火，又一想，各人性格不同，应该理解人家当时的心情。我又想，我从没把自己当成老板，大家都是平等的。当时知道这事的都说，没有一个人能做到王庆习这样的。我们遇事时要冷静，要照顾对方的情绪，也希望那些脾气暴躁的人遇事时消消气，有利于身体和心灵健康。

六盘山前遇险

> 甘肃家访学生间,六盘山下作了难。
> 冰雪挡道路又险,此距春节无几天。
> 欲雇村民作代驾,无奈价高心太贪。
> 司机精勇胆自强,冒险前行闯难关。
> 巧遇村民作向导,化险为夷遂心愿。

2009年寒假期间,我们去甘肃省一位学生的家里家访,当时离春节没几天了。我们来到了六盘山下,地冻路滑,雪下个不停。我们看路况太险,想找个地方住下,等雪停了再走。但快过春节了,老等着也不是个办法,我们只好找当地的司机帮我们,谁知要价太高,按他们说,平时代驾价格就高,这临近春节,价格更高,他们是在做善事,比其他人要的价格还低。当时我带的钱已所剩不多,看过这位学生还得去吉林省再看另一位学生,没办法,我们只好冒险向前行驶。朱益光集中精力开车,我给他壮胆。六盘山路陡,急弯太多,我看在眼里急在心里,但还不敢说害怕,打起精神陪着他。我想,海拔3000米高的路什么时候能到顶呀。但是到顶后,想停下歇歇再走,可司机说,不能歇,天快黑了。谁知上山容易下山难,下山更险,就这样提心吊胆地闯过了难关。下山后,没有走多远,雪停了,路况也好多了。我想,为了做好事,我们攻坚克难与天地战斗,老天爷都在考验我们,最终我们胜利了。

晚上由于人烟稀少,没法问路,老天爷又把我们难住了。正在为难之时,来了一辆小三轮,车上的驾驶员正是这个村里的人。真是天助我也,三轮车的司机把我们带到这位学生家,学生的家长和亲友已做好了饭在等着我们,招待得特别热情。饭后我们怕麻烦人家,又开车出了这个大山窝,到了白银市住下时,已是晚上十一点多了。

美与丑

　　有一次坐车,车停站时上来一位老太婆。因车上已没有座位,老太婆上车后就站在一位有座位的姑娘跟前。没走多远,老太婆可能有点晕车,想呕吐,这位美貌的姑娘看见老太婆的样子,很烦心地说,那边还站不开你吗?真烦人。老太婆根本没听清她的话。这时,那姑娘起身走了。因我站在老太婆跟前,这一切我都看在眼里,我拉一下老太婆,让她坐在刚才那位姑娘的座位上,老太婆看着那位姑娘,很有礼貌地说了声谢谢。那位姑娘很烦心地看了老太婆一眼。我想人没有不老的,年轻人怎么能这么没有礼貌、没有教养啊!而老太婆却真诚地给那位姑娘道了声谢谢。一老一少,美丑自明。

难忘的一天

我把写的第二本书稿交给相处十几年的安徽大学的一位老友,请他帮我联系出版社,同时请他把把关。因为第一本书也是经他帮助联系出版的,很理想,所以这次又给他添麻烦了。第二本书稿,他很认真地看了好长时间,并把其中他认为需要商讨的地方和分篇排版问题列出,约我于星期天到他办公室讨论。我们从早上八点讨论到晚上六点,除中午我们到食堂吃饭花了半小时左右的时间,其余时间都坐在电脑旁。

我在回家的路上越想越感到,这一天是我一生中特殊的一天。一是,老友没退休前在高校从事教学、研究和管理工作,退休后仍发挥余热到基金会兢兢业业地做慈善工作,我在这个基金会设立了助学金,我知道他到该基金会工作的意义。二是,学校上课每堂45分钟,而我们却几乎讨论10个小时,除中午吃饭,全天没离开电脑,他的耐心、细心使我感动。三是,我和他的文化程度差别很大,但他没有一点居高临下的架子,特别是在用词达意方面,他会列出几个相同或相近的词语进行比较,让我选出最合适的那个。他的低调做人、高调做事、平易近人的风格使我感动,是我学习的榜样。四是,因为他在生命科学方面有研究,对老年养生也有些体会,他和我讲了些日常养生之道,这有利于我提高生活质量,有利于身心健康和晚年幸福。五是,我从没有用过电脑,竟然在电脑前坐了10个小时也没觉得时间长,我想这是老友的人格及能力影响了我的精神。更为重要的是,我知道他脖子、耳朵有点不好,但他还能为我的事一坐就是10个小时。我那时几次提出让他休息,他都说没事,他的行为让我感动至深。六是,他聊到个人经历时,有想当兵没能如愿之事,他在验兵时给同大队参加验兵的人员做饭,部队领导很希望把他带走,后因身体原因没当成兵。他参加验兵时的经历和我当年的经历很相似。我在

1968年报名参军,还在公社代表适龄青年发言。我发言后,带兵的拍着我的肩膀跟公社负责征兵的领导说,他肯定没问题,并说一定要把我带走。公社初验后,民兵营长又把我们大队的几个人带到朔里区(现在该区属于淮北市了)。在区里五天,除第五天中午我没做饭,其余几天都是我做饭,因为第五天的早饭后,民兵营长把我叫到一边说,表叔,回家后赶紧干你的石工活吧。由于我当兵心切,得知没验上,我气得午饭也不做了。我们住在一位熟人家,她人好,中午我们大队参加验兵的人都在她家吃饭,下午我们就回来了。

我想我们相处十几年,在生活上都有相同或相似的经历,人生观和价值观也颇为相近,所以我们谈得来,可谓志同道合的老友!

情真意浓两老翁

厅长农民两老翁,病房之中紧相拥。
安大相识成好友,同倾助学一腔情。
话到情真意浓处,欢笑声中泪水盈。
偶感风寒患疾病,牵累小弟挂心中。
吾言与兄情久远,积极治疗早康宁。
四手相牵道珍重,他日再叙桑榆情。

2017年1月11日下午,我从安庆五女儿家接外孙回合肥,到六女儿家已近八点。饭后我又回到自己住处,整理一下最近写的东西。当晚十点多,六女婿周胡军来电话说商务厅原厅长生病住院。不久前,我们在安徽大学还一起开会,怎么突然就病了呢?第二天上午,我与安徽大学的老书记联系,问清老厅长的住院地址、病房号,急忙赶到医院。见到老厅长后,我们俩拥抱了好久,谁也不愿意放手,我怕影响他的病情,我先放手,同时安慰他坐下说话。老厅长近80岁了,他年长我7岁。我们当时的拥抱是真诚的,因为我们是真正的朋友。相处十多年,老厅长从没有架子,平易近人,我十分敬佩。

回家后有感而发,写几句感言以记述与老厅长的真情厚意。

人要心灵美

2018年1月2日,我从老家萧县来合肥,到合肥南站下车后,坐地铁回家。

刚上地铁,人还不算多,我坐在门旁边的座位上。我旁边坐着一位男子,他40岁出头,长得很帅,穿着鲜光大方,坐在他斜对面的一位中年男子更帅,个子近一米八。他们每人都有一个很高档的皮包,放在空着的位子上。接着又上来了几位乘客,就站在他们前面,有的抓住拉手,有的抓着铁柱子,但他们两人好像没有看见有人站着似的。因为我在社会上"好管闲事",有些看不惯,想说说他们。又一想,孩子整天怕我生气,再加上70多岁了,最怕生气,就把此事放在心里了。车到下一站,上来一位近80岁的老人,他们还是装作没看见,老人也没放在心上,就扶着铁柱子站在那里。这时,我再也看不下去了,想说说他们,老人明白我的意思,老人表示不要说,并说这样的事在当今太正常了。这时我就起来了,我让老人坐我的位子,他不同意,他认为我也是70多岁的人了。但我说,我马上就要下车了。他说,他也快要下车了。我想借机说说那两位中年人,老人再一次劝我不要生气,更不要说。我心想我不能听老人家的。我就说,那两位帅哥,像你们这样的,家里能没有老人吗?你们就永远年轻吗?他俩装听不见,其他人都看着他们。我说,看你们很帅,但你们的素质太差了,人没有礼貌就是不懂理。我越说越气。老人也接着说,我上车时就看他们俩不是好孩子。他让我不要跟他们一样,话没说完就到站了,我们俩同时下了车。下车后,老人说,当今社会像你这样正直的人太少了。我问老人年龄,他说,再过一年就80岁了。我们两人分手时,老人向我招手说,谢谢你,你太直了,今后再碰到这样的事千万不要说,现在社会就是这个样子。从老人的宽容心态可以看出,老人对社会上的丑恶现象是痛恨的,但他又很包容,显得有些无奈。

  我下车后到女儿家拿东西,然后又回到地铁站坐地铁回我居住的地方。刚上车又看见两位女士在正对面坐着,看样子她们应该互不认识。其中一位坐在位子上,还给自己五六岁的孩子占着位子,大声喊着让他来坐。但这个男孩子在车上乱跑,根本不听她妈妈的话。她把一条腿架放在座位上,帮她儿子占着位子。对面坐的另一位女士,抱着孩子靠着门边的挡手,顺着位子坐,同样占两个位子。车里站满人,我也提着东西站在那里,看着她们,心里期待她们让座,但绝不是想叫她们让我坐,因为我的身体还算好,是想提醒她们做个讲文明、讲礼貌的人,我一生很少为了自己和别人争利争荣。车子很快到我该下车的地方了,那两位女士的不良行为还在我脑子里不停地闪现。我还记得刚才和那位老人一块下车分手时,老人对我说的话,我忍着不敢生气。我可以肯定地说,我不是一个怕事的胆小鬼,我因为怕生气,怕孩子担心我。

  让座虽是小事,但从这件小事可以看到问题的实质,就是我们国家应该狠抓精神文明建设,提高全民素质,这已经到了紧迫时期。不然经济发展再快、再好,人们也感觉不到幸福,因为丰富的物质代替不了精神文明。因我长期关注社风民意,总想为党和政府做点什么,所以看到社会不足之处总想说出来。现在我们国家从物质基础看,已走向小康道路的快车道,今年中央下决心扶贫,让贫困户脱贫,但我们不能忘了精神脱贫的重要性,国家应采取各种教育措施,尽快提高全民素质,让全国的老百姓从精神上脱贫才是真正的富强、文明。

人生三大陷阱

轻信易受骗，贪心景更惨。

创业需谨慎，莫留终生叹。

1996年是我煤矿经济效益最好的一年，成本不高产量大。但当年其他方面的投资太大，建了32套农民别墅，新建一个市场，建了办公大楼。这三大工程同时开工，到年底主体工程基本完成。几个工地没有一个人受伤，煤矿安全无事故，这在全县是少有的。1997年初，别人介绍了一位女士向我求助，想让我借给她100万元。我早已了解这位女士，她是离我矿有4公里远的毛寨煤矿的法人代表。别人先开的煤矿，干不下去了，山穷水尽，通过关系到江苏徐州市把她招来的。当时这位女士有近80万元，在那时近80万元不算少，但在开采煤矿上不算什么钱。她把近80万元投进去后没有任何进展，连打井工程也没完成。向亲朋好友借了一遍也没有人借给她，丈夫也和她离婚了，孩子跟了父亲。她找我，想借100万元，我跟她说，你看我几项工程得需要多少钱？我真没有钱，钱都用于建设了，你想听实话还是想听好听的？她说，有谁不想听实话呀！我说，大姐，别说我没有钱，就是有钱我也不能借给你，我如果借给你就等于把你害了。我告诉了她该矿的真实情况。她说，大哥，你不借我钱，我都认为你是个好人。她流着泪把家庭情况以及如何来萧县开采煤矿投资的情况，和我说了一遍。我说，你无论发生什么事都不能走上极端，我自己差点走上极端，我把我的事也和她简单地说了。她走时说，大哥，你救了我。后来就不知道她的情况了，那个煤矿始终也没有人能开采成功。说真的，这位女士是轻信人家了，本来放着好的日子不过，好了还想更好，有点贪心。贪心产生轻信，最终会害得自己家破财空。

上讲台

　　有一次，我和安徽大学的康教授一块在安徽大学跟学生交流。康教授让我先讲，我说，您先讲，我听您讲重点后我再讲，我今天主要是来学习的，谈不上讲课。康教授讲了近两个小时，讲的大多是经营理念和大学生如何在校学习，顺利完成学业方面的问题。后来，我接着讲创业经历，我说，今天我是来向各位学习的，特别是听到康教授的演讲，是我一生很难得的机会。大家让我讲讲创业经验，其实谈不上什么经验，主要讲一讲在创业过程中的一些经历。同时我和大家说，我少讲，因为不知讲什么对大家有利，有利于学习，留出时间让大家提问，我来回答。答不出来的大家共同探讨。我讲了半个小时就停了下来，让大家提问，有的同学要求继续讲，接着又讲了近半小时，然后大家开始提问。有的问什么叫创业，题目很大，但我的回答很简单，"没有钱办小事，有小钱办大事，有大钱办特事"，正如我们共产党用小米加步枪打败日本帝国主义，不就是最大的创业吗？这就叫创业。"苦中乐增智"也叫创业呀。有的同学随口就问，苦中乐也叫创业？我说能在苦难中坚持，经受磨炼，受得苦中苦，同时能解决疑难问题，不是感到很快乐、很幸福吗？苦难之中增长智慧也是一种精神创业！我说，人的智慧是最大的家业，最保险的家业，谁都抢不走，但须用较高的素质保护它。有经历不一定有经验，因为经验要善于总结；而经验必定是从经历中产生的，这叫实践出真知。有的同学问我，经历和经验有什么区别吗？我说，我回答得不一定正确，我认为经历是我在一切工作中遇到的各种问题，有的很顺利地解决了，有的没有能力解决，但也过来了，这是一种过程。而经验是在经历中总结出来的一些道理、方法和措施。虽然经历和经验相似，但还是有区别的。我个人认为，我今天没有什么经验和同学们讲，我只能给大家讲一讲创业中的经历。有的同学说我太谦虚了。

同学们什么都想问,抢着问,气氛开始很严肃,后来特别活跃,我要不是平时经常学习,善于思考,今天就被难住了。通过交流对话,今天我的收获也很大。参加的同学有的刚入大学,有的快要毕业即将进入社会,还有个别研究生,我作为一位没有文化的农民能和同学们共同聆听康教授的演讲并交流,无话不谈,倍感亲切。我跟同学们说,我是农民的儿子,你们在场的大多数人也都是农村人,从农村到省城的一所高校读书,多么令人骄傲。安徽大学是国家"211工程"大学,你们能进入这所高校,应该珍惜机会,努力学习,早日成才,为国出力。

时间很快到了中午十二点。大家在互相交流中,境界得到了提升。

售票女人

　　有一次,我从徐州坐车回家。车刚出徐州,有一位农村老人站在路边等车,开车的司机想多拉个人挣点钱,就想停下,卖票的女同志说,别停车。但车已停下了,那位老人上了车,和我坐在一块,因还没来得及掏钱,卖票的女人就说,如果没钱就快下去。我也认为老人可能钱不多,我说,我这有钱。老人连忙说,不要、不要,我有钱。他把钱给了卖票的女人。接着,我问老人来徐州办什么事,他说,卖点黄豆。老人说我太好了。他说,这些开车的、卖票的,有的人很好,招手就停下来给我方便,但像今天这样的事也时常发生,他们根本看不起农村人。我说,凡是人吃的粮食都是农民生产的,他们的生命都是农民给的。由于我们两人聊的都是农民受歧视的事,那个女的就看看我们。我叹了一口气,说:"十年河东转河西,别看穷人穿破衣。"那个老人说,我虽然是农村的,我的几个孩子都上过大学了,有的还是干部。那个女的也听到了,很不好意思。我又接着说:"千年古路冲成河,儿媳熬成老婆婆。"他说,我们家终于从苦日子中熬出来了。

　　沧海桑田,世事变迁。至善真情的人才是真正的富有者。为人处世,千万不可以貌取人。

天上观景

2014年3月,我与安徽大学的老领导,以及为安徽大学设助学金的几位同志去越南旅游。

从越南返回时,我坐在飞机靠近窗口的位置,极目远望,真是蓝蓝的天,白白的云,白云随风飘行,好像在亲切地为我们送行,心中突然感觉万事万物多么和谐。回想我们这次出去旅游,连老天都给面子,这么多天的游玩都是晴天。在越南机场起飞时正是下午三点,眼看日落西山,红遍半天的彩霞像红色的海洋。飞机在高空飞行,使人觉得好像坐在家中的客厅里,飞机的速度快如闪电,穿云破雾,很快飞到中华大地的上空,然后减速,慢慢地在上海机场落地。虽然出去没有多少天,但总觉得这种归家的感觉特别强烈。

走出机场,看到安徽大学的专家早已在等候。我想,肯定是安徽大学的领导专门安排车子来接我们。这时,心中有一种情感升温,感到非常亲切。我想人生的友情便是生活中的一种幸福。无论亲情还是友情,都离不开一个情字。

所以说,只有和有真情的人相处,内心才能感到快乐与幸福。

天上掉馅饼

1998年东南亚爆发金融危机,我虽然有年产6万吨的小煤矿,但生产的煤销不出去。再加上那年修路工程垫资太多,淮北、宿州等地区的资金周转出现了困难。

宿县地区工程量最大,地改市,要求工程在保证质量的前提下,进度必须加快。当时除李市长守着工地外,陈市长每天也到现场。我们按照要求如期完成。但政府资金困难,工程款不能按时到位,淮北市、萧县都因资金困难拖欠我们大量的工程款,致使我拖欠工人的工资达半年以上。正在这困难之时,从外地寄来了一封信,送信人叫小磊,他叫我王叔。我接信后拆开一看,发现是一张80000元的汇票,立即对小磊说,没有这回事,这钱不是我的,你赶快退回去,这没名没姓没有地址的汇票我不能收,我如果收了今后就无法回报人家。他再三说,王叔,这是真的,是通过邮局寄来的,不是假的。我一再坚持退回,他就把支票拿回去了。第二天早上,他又来了,说核查过了,是真的。我说,刘磊,你昨天走后我想了很久,绝对没有这回事。他说,王叔,你一生做了这么多好事,你可能记不清了,人家可能在你的帮助下好了,听说你有困难给你寄来的。他这一提,我立刻想到一个在新疆承包工程的本村的人,他叫我表叔。多年前在他最困难的时候,我借给他5000元钱,在那时5000元是个不小的数字,也能解决一些困难。但以我的性格,我是绝对不会无故接受别人的馈赠的,于是我就在信封上签上"没有此因,立刻退回",就这样退回去了。

春节快到了,我到处借钱要账,筹集了90万元,把工资发了一部分,让职工过好年。春节过后没几天,在新疆承包工程的人给我送来了10000元。我在家吃饭时经过观察,感觉之前寄来80000元的事不是他做的。这10000

元,我准备给他写张借条,他生气地说,表叔你当年帮了我那么大的忙,到现在这么多年了,这个情我还没有还清,这是我的一点心意。就这样,我还没写借条,他就走了。后来他的妻子知道了,叫孩子来找我要钱。他给村长打电话,说千万不能让她要这个钱。他又给我打电话说,表叔,你要给我钱,我得生气,我说过了欠你的钱还没还清呀。我说,听你的。没过几天,我还是通过村长把他的10000元钱给了他的家人了。天上是掉了个馅饼,所幸的是我没让它砸着我。

望

　　1983年的秋天,我带着妻子和几个孩子在外边躲计划生育政策。由于孩子多,只得把两个10多岁的女儿留在家里。由于我哥哥没有能力照顾,留下的两个女儿只能靠自己做饭和干点力所能及的活。好在我哥哥能给孩子们做个伴。由于孩子要上学,不能经常见我们,互相都很想念。有时我家的亲戚或其他人利用星期六上午把她们接到我们住的地方,有时候她们自己来,星期天下午我再把她们送回家。每次送她们回家,只能送到离家近四里的地方,因为再向前送就会遇到我们老家的人了。每次送别都是我精神上最受打击的时候,我的眼在流泪,心在流血。总是想,我母亲最爱女孩子,一辈子想要女儿都没能如愿,为什么命运让她这么苦,这么多的孙女给她弥补了遗憾,她为什么不能享受这个亲情?我们为什么没有行孝的机会?我一生最喜欢和老年人聊天,但我已没有父母和我聊天解难,帮我守家看孩子,难道这就是命运的安排吗?为什么我作为弟弟总是为哥哥操心呢?虽然哥哥能给我女儿做伴,但这么小的两个孩子,也被当成了小大人了,有时候还得做饭给我哥哥吃。我的几个可爱的女儿这么小,为什么就不能在一起快快乐乐地生活呢?更重要的是,我在想,我的妻子怎么这么执着地想为这个家传宗接代呢?我反复思考,就是因为她心里宁愿自己难、自己苦,也得为我这个家生个儿子传宗接代。我被她感动了,才跟着妻子,让她当家,随着她到处躲计划生育政策。我妻子不但把家料理得好,也非常关心我哥哥的生活,如果我父母健在的话,他们肯定喜欢这个特别孝顺的儿媳妇。就这样,从第三个孩子出生后,我们就不断地过着父母与孩子分离的日子。我每次痛苦地流泪,都躲着孩子和妻子。长期积压在心里的泪水,使我现在一见别人有什么可怜事,就泪流不止,即使看电视剧也是如此。现在我已养成了长吁短叹的习惯,有了伤心事更是如此。妻子和大女儿经常说我,但我总也改不了这一伤感的习惯。

有一次,为了让两个大些的女儿和父母及几个小妹妹多亲一会,星期天的下午送她们回家晚了点。开始我想,晚上人少,能把她们送到村子跟前,谁知走到王山窝桥时,另一条路上正有不少人走过来,我就跟女儿说,不能再送了。因为我的大女儿、二女儿从小就特别懂事,她们两个很听话就走了。但我实在不忍转过身回去,我的身躯已不由我做主了。我泪流满面,哭得真是无法形容。正好桥北边没多远有一座坟,我想站高一点,好能看见两个孩子的背影,但又不能站在人家坟上。这时我想起来,再往北边走一点,就有过去打高堤、防洪备用的土堆,我就站在这个土堆上,两眼直望着两个女儿的背影。心想自己平时走路快,今天怎么不嫌女儿走路慢了呢?总想多看一眼。我们分手时,天就基本上黑了,她们不时地回头看我,再说离家有近四里地,她们得走好长时间,我就站在最高处目送我那两个可爱的女儿。她们从分手开始,也是一路走一路回头看。我从生第三个孩子至第六个女儿,长时间在外躲计划生育政策,再想想从小至今受的艰难,精神特别痛苦,再想想不知什么时候是个头,真想马上带着几个女儿回家。但是我无法动摇妻子给我家传宗接代的决心,她应该比我更痛苦。就这样想着看着,越想越伤心,感觉一把刀子插进了我的心脏拧来拧去,疼痛难忍。天黑得实在看不见了,我猜想着这时两个孩子已经到了家,路上也没有人了,想想女儿与我分手时痛苦的眼神,我再也不能控制自己,就站在大堤上失声痛哭,这是我这么多年来第一次大叫大哭。我的哭声没有人知道。停止不哭时,天黑得什么也看不见,但我还是对着村子,对着我早年过世的父母,用心和他们说话,又一次落泪,然后泪流满面地骑着车子,在黑夜里赶回躲计划生育政策的第二个家。因为我的妻子和几个孩子等着问我送两个大女儿的情况呢。妻子见我就问,你把她们送到家了吗?被别人看见没有?我说,没有。她说,那你怎么到现在才回来?我再也忍不住了,我又哭了,哭得特别伤心,她就不再说了,哭得更厉害。哭了一会,我们俩怕孩子知道,就不再哭了。她说,我们吃过饭了,你赶快吃饭吧。我问她,桂华啊,我们这样什么时候是个头呀。说完,我们又流泪了,我不吃不行,吃又吃不下去。后来,实在忍不住,我到该村的塌陷坑边又大哭一场,等回家时已是晚上十二点多了,因为第二天我还得给人家建民房挣钱。

那一次与孩子们的分别,是我一生中永远难忘的锥心之痛。我在上部书中没写这件事,因为一写就想掉眼泪。可以说在我们老家方圆几十里,凡是我知道的人，没有比我受的困难大、经历的难事多的。但是像我这样承受住的、出的力大的不多，好在这些苦难都让我挺过来了。我和一家人没有在苦难中倒下去，反而锻炼了我们的精神和意志，经过拼搏，一步步走向幸福。

威海之游

炮声一响动地天,炮威震敌心胆寒。
炮神弹弹不虚发,炮击敌寇保民安。
炮手为国洒热血,炮怒发威把敌歼。
炮在犹现当年勇,炮陪英魂大海眠。

1997年我们从大连回来,到威海港口下船,去看蓬莱仙阁,此处又称八仙过海处。我们来到岸边,看到几门老式的大炮,炮筒特别大,上面能坐好几个人。大家在此处纷纷留影。我仔细观看大炮的阵地,心想:这个大炮的阵地做得太好了,充分利用地形,既能望远又能隐藏自己。我不断地观望四周的地形,这时正好走来一位老人,刚看到他时,心想他应该不超过70岁,一问才知道他已80多岁了。我问他,您是哪里人呀?老人说他是土生土长的当地人。我心想,那他对这几门大炮肯定了解,我就向他请教。老人的记忆力特别好,他详细地告诉我们如何如何。我说像这样的地形,打起仗来不会伤人吧?他说,伤人很少,就是因为地形好。老人又用手指着另一个方向说,那个地方比这地方还好,但是只能藏人,支不开大炮,因为大炮需要大地方。打仗时那边的人看得比这边清楚,把信号传给这边人,这边再开炮,一打一个准,我们都说这是神地。可是洋人的武器太好了,有一次一发炮弹打到这个地方,一位出名的炮手牺牲了。大伙知道后没有不流泪的,因为他从不打空炮,一打一个准。我说,炮手牺牲后,敌人随时就会打过来吧?老人说,那哪能,很快就会有炮手接着打,打起仗来,大炮从不离人。你别看这么笨重的铁家伙,它太厉害了,看似土炮,打洋鬼子不留情。老人讲话很幽默,我越听越想问,我问老人打过仗没有,他说没打过,但抬过死人。他说,八路军太有种了,没有一个怕死的,而且这个大炮阵地从没有失守过,洋人从没有从这个地方打过来,这几门大炮可出了大力了。现在好像没什么看头,几个笨重的铁筒子,当年它可是保护了我们这地方的平安呀,所以后来就把它放在这里留个纪念,我们当地的老人都叫它神炮呀!我问老人家,那位牺牲的炮手,你们不也称呼他为炮神吗?他点点头说,他太神了,一打一个准,从不放空。

威海蓬莱之行,让我感慨很多。但让我铭记不忘的是这几门神炮。我们中国人向来不欺侮别人,但更不怕来犯的侵略者。今天的幸福是先烈们用生命换来的,我们应当加倍珍惜。

我的一生

我出生在农村一个经济条件中上等的家庭,但成长在一个极端艰苦的时期。

我出生时的家庭情况,是从母亲口里听说的。母亲常说我的老爷爷有文化、有气质、有修养,还很有智慧,在当地方圆百十里都很有名,不少大户人家想请他当管家。为了这件事,几个大户人家还闹过矛盾,最后还是老爷爷把矛盾给协调好的。他对他们两家人说,你们这样闹,我怎么为您干事?你们信任我,我很高兴,但您为我一个人闹气就不值得了,你们既然相信我,我就必须给你们干好。他说,我有一位好同学,文化素质都不比我差,我让他先给您干一段时间,如不行,我再从这一家到您家干。经过协调,两家大户同意了,于是我老爷爷给当地叫毛严东的大户做了管家,他的同学李忠实,在孔德礼家做管家。但孔德礼要求我老爷爷每半个月到他家里看看李管家的账,并许给优厚的薪酬。我老爷爷和毛严东协商后,答应孔德礼提出的条件,但绝不要薪酬。因我老爷爷知道他同学为人处世的能力。由于我老爷爷的威信高,人缘好,后来还有不少大户请他代管家账,还有一些大户人家的管家也是我老爷爷给他们找的。我老爷爷要求他们,帮别人管家不能光为挣钱,也不能只管家账,最关键的是要出点子帮人理家生财,更要心正。人家即使是大户,钱财来得也不容易,自己的薪酬该拿的拿,除此之外不要占人家半点便宜。

这些管家对我老爷爷既敬佩又崇拜,以他为榜样,大家都很和气团结,大户们也特别满意。他帮大户做事一直干到身体不行了,近80岁时又得了重病,母亲说是"床身在"病,用现在的说法,就是半身不遂,瘫痪在床。因我老太太去世早,我奶奶很年轻也去世了,伺候老爷爷的事就由我母亲承担了起来。我母亲是本村人,娘家姓罗,出名的孝顺。老爷爷在床上不能动,吃饭,处理大小便都是我母亲尽心而为。没几年,老爷爷去世了,家人给老爷爷选用了最好的棺材,停放在主房,六年后才发丧出殡。我就是在我老爷爷去世后生的,因为家里主房放着一口棺材,因此我爷爷给我起个小名叫"一棺",按理说不好,后来上学,才起了大名叫王庆习。

再说说我爷爷吧。爷爷叫王新灿,有点文化但不高,在我老爷爷的影响下,再加上他善处朋友,在当地人缘特别好。虽然在本村孤门独户,但大家都听他的。他经常把会讲故事、说书的人请到我们家,让他们给大家讲故事、说评书。亲朋好友都喜欢和他交往。不论什么军头当权都前来拜访他。那时候做生意难,各军头都查,但是不论哪方面查,他都能想办法把没收的东西给要回来,很有面子。家里经常客来客往,烧菜做饭,我母亲累得不行时,就找人帮忙,有时邻居也主动帮忙。那时因为大家都穷,谁家老人死了,经常连殡都出不起。我爷爷就经手成立了老人会,就是谁家老人过世,大家兑粮兑钱出殡。但个别人想不通,说我爷爷是因为家里有长期卧床的年老病人,他积极成立老年会肯定先得实惠。此话被我爷爷知道后,他说,我保证最后得实惠。大家想不通,心想,明明你父亲年龄最大,病情最重,你怎么能最后得实惠呀。就为这,老爷爷去世后,他把父亲停在主房里六年,等大家的老人去世都得实惠后,他才出殡办丧事。我爷爷是个要面子的人,光请扎纸匠在家扎花,扎童男童女等就干了一个多月,几个军人都来送殡。我的父亲也识几个字,他为人好,虽出力干农活只是一般,但还是比我爷爷强得多。我经常说,我们家老几辈的人,真正出力干活的人少,他们谁也没有我出的力大,受的罪多。我记事时就知道我们家里是爷爷当家,我更知道我母亲孝顺、贤慧,我的爷爷、父亲,还有邻居,没有不夸我母亲好的。

我从小就没少做活,十多岁时,爷爷和父亲在同一个月去世。母亲一生出力大,操劳事多,身体垮了,长期吃药,什么也干不了。我哥哥又无能力,于是一家人的一切事都由我承担起来。家里经常缺吃少穿,我只好带着母亲外出要饭生存,其艰辛我已在《感恩的心声》中叙述了。我母亲虽然身体不好,但她的为人和看问题的角度比一般女人好,这可能是因为她长期伺候我老爷爷,在他老人家身边受的影响吧。还有一个原因,就是我爷爷的朋友太多,家里经常人来人往,她为这些亲朋好友服务,使她做人做事不同于一般人。她经常和我说"好东西给人家吃了甜一坑,自己吃了甜一井",使我终身受益。总之,在艰苦家庭里,我受的苦无法想象,这些苦难留在自己的心里,使我不忘初心,更不会忘本。

  我就像一棵生长在肥沃的土壤里的树苗,这个土壤就是我一生受的苦、累、难、险。六次死里逃生,累就更不用说了。我十多岁时用骨瘦如柴的身体背着母亲走上了乞讨之路。十五岁参加队里干活就得全劳动力的分,这说明我累到了什么程度,受的罪说起来让人不可相信。没有衣服过冬,脚上的鞋子烂得穿不了,有几次在外背着母亲,都是光着脚走路。从小难,到成人以后干事业,有些难,难到无法想象的地步,寻死的心都有。但那时我一点也不害怕,终于坚强地生存了下来。后来,为了企业管理,需要不断学习,但我文化程度浅,看书学习非常困难。好在有几位老师,我能随时向他们请教,从不觉得丢人。如我们公司的办公室李主任,还有一位当过记者的年轻人。他们说,我们也得天天学习,不然被庆习问得什么也答不上来。我听他们说后,感觉我给他们出了难题,就跟他们说,我没有文化基础,问的问题可能怪一些,请你们理解我。他们说,你别误会,因为你的学习精神和认真的态度是很难得的,你问的都是新东西、新问题,我们不学习真不行,不然无法回答你。这种勤于思考、不耻下问的习惯,我一直在坚持。

  总结我的一生,"苦、累、难、险"确实是促进我成长的肥沃土壤,没有前面这些经历,一次次的艰难险阻,又一次次地挺过去,就难以为国家与社会,为农村和农民做成事。我,一个农民的儿子,没上过几天学,把这些写出来是想给那些新时代的年轻人看,希望能对他们将来走上工作岗位或者自己创业时,有所启发,有所帮助,使他们少走弯路,尽快成长为对国家和社会有用的人。

我的教授朋友

2018年1月18日上午,我打电话跟合肥工业大学一位德高望重、相处近18年的老朋友说,我写了一本书,想送给他以作存念,更为重要的是想请他赐教,因为我没有文化,写得不好。

按说,一位农民和一位高校的院长处朋友,可能有的人不信,但我们相处已近18年了。他是合肥工业大学生物与食品工程学院院长、农产品分离工程研究所所长、博士生导师等。我作为一个农民,能和这样的名人处朋友,是我的造化。我在有困难时,想到有这样的朋友,困难就在我的面前低头;我在生活中有不高兴、不快乐的时候,想起我们的友情,就像给我送来精神食粮,使我在生活中快乐起来;我在工作中不顺心时,想着他那忘我的工作精神,我就振奋起来,闪现出灵感,使工作顺利完成;当我善待别人却得不到理解时,想到他那宽宏大量的处世境界,我就换位思考,理解了对方。我说的这些绝不是奉承话,这是从与他相处的每一件细微小事中总结出来的,我从内心里对他产生一种尊崇感,尊崇他的学养和高贵人格。我虽然是一个农民,但我是一个肯为社会为他人做些事情的人,而与他相处后,才深知自己还有很多方面做得不够。

还有潘教授和姜教授。潘教授,我和她平时接触少一点,因为谈项目搞策划,找姜教授多一些,但潘教授的学识和对待朋友的真诚都值得我学习。我从认识她开始,就没见过她像其他女性那样爱打扮,更谈不上化妆。她穿衣大方合体,举止有度,端庄大雅。特别是在工作时,大胆泼辣,不怕脏不怕苦。潘教授对人都平等看待,和工人们一样地辛苦劳作,和谐相处,包容宽厚,是一位大度而有智慧的女学者。

后来,姜教授提议让我们考察四川的光友粉丝。我和许敬强副矿长、办公室的李主任前去考察。回来后,他认真仔细地询问考察情况。例如,我有几次到学院去找他,凡是和他相识的人,都会热情地把我带到他的办公室门口,但不进去打扰他。从这些,我能看出他的同事对他的敬畏和尊重。比如,我儿子结婚之事,他和潘教授知道了,就在百忙中挤出时间到现场,为我儿子的婚礼祝贺。这充分体现了他们处人处事的真诚。

有一次,我们县搞粮食加工的一位女企业家去拜访他,他特别热情而又耐心地接待了她。她回来后给我说,庆习哥,合工大的姜教授是你的朋友吗?我说,不仅是朋友,也是我做人做事的老师。她接着说,姜教授太好了,这么高的学问、地位,没有架子,平易近人,只要能帮的忙,人家都尽心尽力,外省的食品行业也来找他。我说,他处人没有界限,只要能做到的,他都认真帮忙。他对任何来找他求助的人,特别是农民朋友,都平等看待,不分贵贱。她说,真是这样,我第一次见他就感觉他人好、有能力、有智慧。庆习哥你约个时间,咱们一块请他吃顿饭。我说,有机会再定吧。后来一直没有如她愿。在我心中,姜教授德高望重,做到了"六尽":一是为党和国家尽忠,有爱国情怀;二是对老人尽心,有传统的孝心观念;三是在夫妻相处上尽情,秉持家和万事兴的传统美德;四是在职业道德上,他尽心尽责;五是在朋友相处上尽力,不假不虚,尽量满足每位朋友的请求;六是在为社会作贡献上尽能,从不讲条件。我的"六尽"评价得到这位女企业家的认可。她说,你把姜教授总结得太到位了,咱们都应该好好向他学习,努力把咱们自己的企业办好,以为农村、农民办实事的成果来回报这些学者、专家对我们的指导和帮助,争取做一个像他们一样的人。

戏说东西南北

1986年,我带我们工程队在黄口西边徐商公路砌挡墙。我们是住在一座没有水的大桥下的。路边有一家姓朱的开一个烟酒小卖部,我们的人经常买他家的东西,我和他相处得很好,有时在一块聊天,聊得很投机。

有一天中午,我在路南边看路况,他也过去和我说话。老朱说,队长,我听说我们这里跟你干活的人没有不夸你的,说你人好,有本事。我说,谢谢老朱。我问他,我怎么看这条路,不是正东正西的方向呀?他说,这一段就斜了,东边那一段就更斜了,成了东南西北的路向了。老朱说,队长,你用东西南北作首诗吧。我说,你听谁说我会作诗呀,我说的都是一些顺口溜。他说,我们这里跟你干活的都说你会说话,特别想听你给工人开会,说你讲得好听,干活也有劲。我说,下次开会你也去听听。他说,好,反正我离您近。他说,队长,你先作一首我听呀。我说:东海长流水,西天去取经,南方四季春,北方冷冻人。他说,怪不得我们的人都说你会作诗。我说,不是什么诗,是顺口溜。他又叫我再来一首,我说,东西南北,谁都能说顺它,东方升起红太阳,西边落山红霞光,南方常绿四季春,北边风光无限辉。我说着,他在地上写着,他说,每句都比刚才的多两个字。我说,你看两头不一样呀,这首的四句话后边的才好呀,前面是"东西南北",后面是"阳光春辉"。我这一解释,他说,太好了,怪不得我们这边的人都说你看什么都能说一套。

细节彰显素质

2017年12月3日晚上,我出去散步。从胜利广场向西走到临泉路,刚到红星家苑对面时,看见一位女士牵着一只很大的狗正走着,突然停下来了,女士从兜里掏出一张报纸铺在地上,狗在报纸上拉大便。狗刚拉完,女士弯腰用报纸包好狗便送到路边的绿化带里的一棵小树根上,好像有目的地给小树施肥似的。我看到时想用手机拍下来传到网上,让大家看一看这位女士的文明行为。但我玩不转手机,没能如愿。我心想,这位女士和我在英国看到的英国人的好习惯差不多。英国人出来遛狗,兜里装着两个塑料袋子,等狗拉完大便,用一只袋子套在手上,抓狗便放到另一个袋子里,然后用卫生纸把地擦干净,再把狗便送到垃圾箱里。而这位女士虽然没把狗便送到垃圾箱里,但把狗便送到小树根上,就是一种爱护公共环境的文明行为。事情虽小,但意义却很大,所以我把此事记下来,目的在于自警和教育大家,共同提倡社会主义文明新风尚。

细节之处见精神

2001年,南京军区总后勤部部长杜老到我们萧县游玩,因怕给政府添麻烦,老友建议住我那里。当时我们集团刚装潢好招待所,条件还好,水电卫齐全,就是没有像样的饭店。我想像他这样的职位,到哪里都得有好条件才行。可是,我想多了,杜老不是那样的人,他吃饭简单,生活特别简朴。例如,我们集团当时有300亩脱毒红富士苹果,品种是我们县里高级园艺师从山东引进的,口感和营养都特别好,目前很难找到这么好吃的苹果。我让负责苹果园的场长选最好的招待客人。苹果摘回来后,我亲自洗好送到杜老房间。他说,这苹果很好。我说,是我们自己种的。他看苹果有点大,就用刀切成两半,给他老伴一半,自己一半。我没想到他吃苹果竟然吃得只剩一点核。两位老人吃苹果的事对我来说很少见,因为我在吃东西上的节约程度一般人也做不到。今天亲眼看到像杜老这样地位的人,这样简朴还是很少见呀。他在我们那里住的时间虽然不长,但他在生活与做人上的一言一行给我留下了深刻的印象,使我终身受益,仅仅两天时间,还给我写了一幅字,画了一幅画,留作纪念。

学习才能跟上时代

微信玩不转,只悔学识浅。

社长有意言,吾感情为难。

信息达我意,社长代吾传。

会后面见时,谆谆诉衷言。

  2017年12月17日下午,安徽大学王庆习爱心社杨社长发来信息说,爱心社第十年招新啦,今晚开会,想让我在同学们的微信群里给大家说说话。他把我邀请进他们群里面,以便同学们向我咨询关于社会的问题,又问我有没有时间参加本月23日星期六安徽大学的颁发助学金大会。我回答,肯定参加。她说,你在微信里给同学说说吧,大家都想听你讲话。我给杨社长说,我玩不转微信,我把想给学生说的话用短信的方式发到你手机里,你代表我再发给他们。她说,这样也好。我就简单地根据自己想到的对学生提点要求,也是共同学习。

  短信内容如下:大学生的思想境界要高,要有国家意识、社会意识,更要有利他主义。大学生应追求社会、人生价值,有爱国之心,把前途看远点,一位有前途的人比有钱的人价值高得多,千万不能光为钱着想。我认为有前途的人不可能没有钱用,人间追求人生境界各不同,自然境界、功利境界、道德境界、天地境界。我认为作为一名大学生应追求道德境界,追求道德境界应具备三大基础——人脉关系、体能远见、素质护航。在三大基础上素质特别重要,再者就是健康的体魄和较强的能力,然后才是人脉关系。如没有较高的素质保驾护航就很难达到预想的目的地;反而,才能越高身体越好,但无素质,对社会和他人的损害就越大,最终害了自己,毁了一生。请社长传达我之心意,不知妥否,代我向各位同学问好,谢谢!

　　本月23日,我参加安徽大学教育基金大会举办的颁发助学金活动。会后,社长召集早在门口等着的学生,我们当面交流,互相学习。有新疆的、内蒙古的,还有其他省的学生。在交流中,我又给他们提出,作为大学生,在任何时候都要不断学习,因为时代发展太快,在学校学的东西只是基础,社会才是真正的大学校,所以要做一名学习型的大学生,要有永不满足的学习心态,永不骄傲,对自己要有信心。在应聘时,不卑不亢,落落大方,自我推荐,以乐观向上的精神面对现实。虽然我们面谈时间不长,但收获很大,回家后回想前后经过,总结出了开头写的8句话。

一位名师的高尚情怀

有一次,我在安徽大学和一位教授谈起教育的事。我说,我一生挣钱的机会有的是,也有几次挣大钱的机会,我都放过了,我从不后悔,但是没上大学这件事是我这一生最大的遗憾。他说,你这天天学习的精神很足,写的文章比刚毕业的大学生写的还好。又说,教授也特别辛苦,当老师也不容易,不能有私心,要对得起每位学生。一名合格的教师对学生要有细心、有耐心,最重要的是要教学生求真务实。他说,老师若误人,就没有师德,老师要洞明每个学生的心理情况,对学生要付出真感情。就比如写文章,没有感情的文章不算好文章,因为它不能感动读者。人对自己所从事的工作要真喜爱,才能有耐心、有信心、脚踏实地地做好。特别是老师,是做与人心灵交流的工作,更需要注入真情。这位教授从不摆知识分子的架子,同时他又是身负重任的院长,一生不为钱而迷失方向,会做人做事。他曾被派遣到某县工作,当地想把他留下来当县长,他婉言拒绝。他对教育的情感,让我想起有两种人不会嫉妒,一是父母从不会嫉妒自己的子女,二是教师从不会嫉妒自己的学生。学生能遇上情怀高尚的严师是其一生中最大的幸运。

一心为民好作家

2015年的一天,我的好朋友陈所长给我打电话说,有一位安徽的才女苗作家,想写一篇关于皖北大地的长篇小说,让我给她提供点皖北的题材。我想,既然朋友说了,我就答应了。

与苗作家见面后,我说,我自己的事少说。她说,行,对你没什么影响。她开始问我一些事,问着问着,有些事就问到我身上了,原不想说的事,由于被苗作家的亲和力所感动,就说出来了。说到创业的艰辛和自己小时候的命运,特别是逃荒要饭时的场景,就控制不住情绪,还泪流满面。

后来,她的书写好了。我看到《新安晚报》专刊登她的事,看到她与《新安晚报》记者对话的文章后,又回想她对农村农民的真诚的感情,对农业的关注,我想她的书肯定以写三农为主。我认为,只有对农民有感情的人才能了解农民,亲近农民,只有不怕吃苦的人才能下到农村和农民交流,陪着农民到田间地头,亲自体会源自农村的气味。我认为,作为一位女作家,她肯定吃了不少苦,流了不少汗,她的汗水洒遍皖北大地,她的慧笔更能描绣出皖北大地争奇斗艳的鲜花和彩云飞天的舞姿。

总之,苗作家的慧笔耕耘出的虽然只是一本书,但为三农呐喊的声音让人爱听,为农民解苦解难的感人之心让人永记。对农民有亲和力,有快乐的幸福感。所以,看到苗作家在《新安晚报》上与记者对话的文章我有感而发。

游花果山水帘洞

1986年,我带着我们工程队的近十位同志到东海、连云港旅游。

到东海游玩,必须看花果山的水帘洞,因为我们人多,专门请了一位导游讲解,这样便于了解历史传说。当导游的口才都很好,我们请的导游太会说了,她说把我们都当亲人,这样就加深了相互的感情。因为在那个时候,农村人能外出旅游的还不多。我们跟着导游,听她的讲解。她说,你们今天来得太巧了,孙悟空到什么什么国家参加一场很重要的会议,为了这次会议,他准备了好长时间,因为他得在大会上发言。我问导游,他什么时候回来?导游说,因为好多国家都邀请他,现在还不好说他什么时候回来。我跟导游说,等明天或后天的人看水帘洞,你也得说他们来得太巧了。她笑着说,我这个导游的职业让给你吧。我说,我干不了,因为我太实在,从不会说假话,你看看,我们的人都跟着你转,因为你的假话说得太美了。她笑着说,我要能经常接到像你这样的客人得多开心呀。我说,我们的人有幸请到你这样的导游,人长得美,说得又活灵活现,我们也开心呀。她给我们拍照,我问她,你一天能接待多少客人?你们有多少导游工作者?大约有多少人请你们?有多少不请导游的?又问,你们知不知道每天售票的情况?她笑着说,你问这么细干什么?我说,我每到一个地方都这样。她说,你是搞调研的吧?我说,差不多。后来我问她,你们这个旅游点的老百姓能有多少的收入?她说,凡是在这卖东西、做点小生意的都是附近村里的人,包括我们导游,当然也有外地人,但很少。我说,孙悟空要不是事多太忙,有大局意识、有国际意识,要能经常在家里,这一带的老百姓收入就更高,因为游客能亲眼看到他,门票也得涨价呀!我这一说,可把导游笑坏了。她说,你别走了,你在这做导游工作,我们这里的人收入也会提高。我接着说,前人栽树,后人乘凉,你们的美言假话也给老百姓增收呀。

　　此次旅游和导游相处的时间虽短,但气氛很好,大家特别高兴。分手时,她说,记着我呀,再来还找我。这位导游姓李,我说,小李,你有编号没有? 她说有,又说,你就要求找姓李的就行了,姓李的就我一个。

真情处处在

1982年，我们萧县老家的雨水太多，收麦后，秋庄稼刚种上，连降暴雨，形成了水灾。我们村住在大山前面，地势很高，但我们的农田却在瞬间成了海洋。

由于我们村前有一条河，是300多年前黄河决堤时冲的。洪水顺着大山前的河流南下，早些年河两边筑上堤，并建了闸，又称闸河。河床宽50米左右，河床离东山有二里地，西大堤相对低些，如果大堤开口子，那西边大面积的人口就会有生命危险，而东边的粮田已全部受灾，因此只能弃东保西。各级政府的主要负责人必须在最前方，各村的壮劳力都投入抗洪第一线，我也参加了抗洪队伍。大堤上的各路人马严阵以待，随时准备投入战斗。当时水势太猛，整个大堤以东一直到东山二里路的粮田全被水淹，秋季失收，无粮农民心里产生很大的恐慌。大堤以西的农民，他们的粮田虽然没有受灾，但他们比大堤以东的人更恐慌，因为他们有生命危险。当时凡是大堤以东的人都担心着大堤以西的亲朋好友，真是洪水无情人有情。大难之中壮劳力都投入抗洪救灾之中，大灾面前验证着对国家和人民的忠诚，更能看到大堤以东的人的大局情怀。几天的时间，大家就像军人一样严格要求自己。大灾难过后，政府马上统计受灾情况，发放救灾粮款，充分体现了我们国家、我们党对农民的关心、关爱，真是危难之中见真情。

我一生喜欢总结关键的事，我认为只要我们有大局意识，有克服困难的勇气，有互相关心、互相协作的精神，在党和政府的领导下不论遇到什么困难都能挺过去。我想给那些利己的人提个醒，你们不要只看临时的利益，个人在大灾大难面前是无能为力的。只有团结起来，我为人人、人人为我，才能战胜一切困难。

忠言逆耳利于行

  脸上有灰自不见,对着镜子仔细看。
  一人占着两扶手,路人直言来相劝。
  自身不足难察觉,真言指出才恍然。
  逆言促我能改过,多做善事解人难。

  2017年12月8日下午,我坐地铁去女儿家。上车后,人太多,我就站在近门的两个座位的前边。我站的地方很小,紧靠着门旁边的扶手。经过两站后,上来好多人,有一位50多岁的女士就站在我里边,这样使我更得靠近那个扶手。又走了两站,那位女士要下车,车还没停,她走到门边时,我怕她站不稳,就撇开身子让她抓住扶手。她说,你一个人站在这里占了两个扶手。说着她下车了。我一想,她刚才站在我右边,我真没注意,还真是这样。但她能往上点或往下点都能抓住扶手呀。我想,我还认为我处处为别人着想,看她站不稳还让她地方,但我又一想,我平时处人处事最注意相让,总想把方便让给别人,怎么没注意到像今天这样的事呢?在以前肯定也有此事,不过没有人像今天这位那样直接说出来。

  总结前后所为之事,一个人要知道自己脸上有没有灰,得照一照镜子,要想知道自身有没有缺点,得问问说真话的人,最好就像今天这样能直言指出你缺点的人。因为她没有任何顾虑和思考,就指出事情的真相。我经常交代子女做事要有利人之心,多为别人想想,但自己却没有注意到,偶尔也会有顾全不周的地方。我之前肯定有很多不足之处,应感谢那位女士的直言指责,使我今后尽量注意别人的感受,经常反观自己的行为。

做人"三不"

一、权不为已。"权"不是光领导者有,人人都有权。例如小孩子也有权,父母让孩子去买点东西,给他10元钱,他出门后就有10元钱的权力,为了想买个玩具,胆子大了,这时心欲难控,结果买了8元的东西,2元钱为自己谋了私利,权力被滥用了。

一个生产队的队长派一个社员到外地买山芋苗子,这个社员是公认的老实人。他到市场后,看到好多山芋苗扔在地上,一打听得知老百姓早就栽好山芋了,到市场来卖主要是想卖给外地的人,谁知外地人很少来,山芋苗子卖不掉又不能带回家,只能抛在外边。这个买苗子的人心想,这不是想拉多少就拉多少吗?他拣出特别好的苗子拉一平车回到了家。心里想,我不能太老实,这是我的时运好,按当地价格多少钱一斤,我就报多少钱一斤,还得报销吃饭的费用。回到家后,队长看他买的山芋苗子特别好,大家去栽山芋都夸山芋苗子好。他心想,我一分钱也没花,大家还满意。晚上他去会计家报账,会计也夸他买的苗子好,还说老实人办什么事都让人放心,他被大家夸得竟然忘了报吃饭钱了。他刚出会计的家,会计叫回他说,你忘记报吃饭钱了。因为他高兴得忘乎所以,他给会计说,山芋苗子没花钱。会计好像没听见似的问他,你说什么?这时他才恍然大悟,又改嘴说,我忘了,忘了报饭钱了。后来他妻子说了实话,妻子说,你是出了名的老实人,竟然把老实人的名丢了,拥有这点权力,你就这样,如果让你当队长,你的权力大了,把权为自己所用,那生产队这么多人怎么生活?在妻子大公无私的精神的教育下,他找队长把事说清。队长说,你虽然没花钱,但大家都满意,就别说了。又问他,你还和谁说了?他说,我跟会计说了,他没听清。队长很好奇地问,你怎么给会计说,不先跟我说?他说,我不是有意的,我是高兴得忘记报吃饭钱就走了,他把我叫回去再报,我才高兴地说出买山芋苗没花钱。会计接着问,我又改嘴了。队长听后说,没事,你不要再和其他人说了。他回家后把结果和妻子一说,妻子说,看你因为把这点临时权力用错,影响多少人把权力错用。他问妻子怎么办,妻子说,我说怎么办都不行,只有你自己内心里真正认错才行,你现在别怕丢人,把实话给大家说,因为队长和会计都把权力滥用了。他说妻子说话难听,说,队长、会计都为我好,你怎么能这样说呀?妻子说,你没想想,会计不是没听见,他是听见了,有私心,没坚持原则,队长更把权力为己所用,并且越用越重,为了自己,竟然给你出点子隐瞒,像这样的人掌权太危险了,包括你,别看大家都认为你是老实人,有权力的人要内心不为己,才是真正用好权力,掌好权力。

还有一事可提,我的女儿在大学期间,我跟她说,我给你们的学费、伙食费,你们节约点用,看班里的同学谁有困难就帮帮他们。我说了几次,她和我说,爸,不是你想的那样,都上大学了,班里如有点什么事需要买东西,有的同学都想办法多报,私心太大。这点权力都用不到地方,将来毕业走上领导岗位,那太危险了呀!所以我说,人人都有权,"权"能考验一个人的本质。

再把专权说说吧,例如法官,当你判案时,要有一颗善良的心,因为法是公平的,无善良之心,在法官判案时都无正果。因为恶已违背了良知,任何人处人做事都要有良知。法官的良知更特殊,在判案时,不能因为厌恶对方的请托而存心整治他;不能因为对方的无礼而恼怒,用法律重判他;不能因为对方言语婉转而高兴,忘记了案件的本性;不能因为同情对方的哀求而宽容他,放弃原则;不能因为别人的诋毁和陷害而随意愿去处理和判刑;不能因为对方的亲友是高官,害怕权势而放弃了法官的职责;不能因为对方是黑恶势力又有保护伞,为保自家安全而放任他;更不能因为自己的事务繁冗而随意草率地结案,给对方留下后患,给自己留了大麻烦。若我说的这些都能做到,就是特殊职业最好的良知,否则,就是权为己用。良知只有自己知道,别人不知道,良知是法官的心理天平。

二、福不享尽。福无界,福无标准,人间处处是福,看你怎么认识福,怎么选福。有的人认为儿孙满堂是福,子孙孝顺是福,有钱是福,身体健康是福,快乐是福,家和是福,不要干活有吃有喝是福,不生气是福,等等。我个人认为,有一个健康的身体,有事干,干事让百姓认可,让正直人信任,心里始终有阳光就是福。那些大富豪不一定幸福,官高权重不一定是福。大家常说"有福同享,有难同当",一个正直、有社会责任感的人,处处为别人着想,能得到众人的认可,我认为就是最大的幸福。创造了财富,能让大家过上好日子,自己却不计较得失,这样的人就是有利于人民的人,是最幸福、最高尚的人。

　　三、富不强势。人生在世没有哪一个人不想富的,但得根据人的身体素质、能力和智慧。过去的富人、地主,有的也是靠艰苦努力积下的财富。拿我们本村来说,400多户人家,有一家地主,两家富农,据说他们当年出的力特别大,比穷人付出多。他们开始治业时,也不富裕,是靠吃苦勤奋、积少成多把钱挣来的,后来被划为地主、富农时,把他们的家财土地分了,社会上也另眼看待他们了。到了"文革",有的地主、富农被红卫兵折磨得死去活来。但其中也有过去做过一些善事的人,少受些罪。那些少受苦受罪的地主,就是在富的时候做到"富不强势",他们把自己创造的财富与穷人分享,经常做善事,从不以财富强势压人。现在的富人比过去多得多,像我们村和过去比就是这样,我是其中之一。我在1993年问过镇里的信用社主任关于本镇存款情况。我听后,心想将来中国的贫富差距肯定大。改革前期发家的人,靠吃资源饭和大胆饭,借国有企业改制之机,一夜间成了大富豪。当时我和他说,现在中国只占15%的富人的财富,超过了占85%的普通人财富的总和。他说,你分析得好。我说,你比我知道得多,单从我们镇来说差距更大,因为我们镇才30000人左右,有两家人开煤矿,我是其中之一,我当时就有300万元,何况另一家煤矿开得早,我开矿时人家都生产数年了。我说,我们两人的钱要存到你信用社是个什么数字?他说,比我们的总数还要多。所以我经常说,富人要知道你为什么能富,富人要自觉为社会干点什么,要高调做事,低调做人。我经常和家人说,做人要低姿态,做到"三低":一低,我们在周围村特别是本村算是富户,说话千万注意,因说者无心,听者有意,别说让人难受的话,要低人一等;二低,你们都有工作了,永远别忘了自己是农民的子女,见人要低人一等,以防有骄傲之心;三低,不要认为你爸的企业给社会创造了多少就业岗位,给了他们挣钱的机会,要从思想上认为是他们在给我们创造利润,他们才是财富的真正创造者,你们要尊重他们。

　　有一次,我哥在家和别人发生矛盾,被一个年轻人打了。我的大女儿听说后,心想大爷这么大年纪了还被人打,立马急着要找人家理论,气得要打人家。我听说后,马上跟她说,千万不能这样做,如果你们到人家打人,老百姓得说我们有钱有势。再说你大爷的情况你们也知道,不能都怨人家,事情已过,不必再生气了。她听我说得有道理,就没有做过激的事了。没过多长时间,这个年轻人去萧县办事,没有班车了,他在矿门口等车。因为我们的企业需要材料,有时一天不知道要去县城多少次。看他在门口,我就问他,你在这有什么事?他说,想去县城,没有班车了。我就让他坐我的车子一块去了县城。这个人叫我哥,人不坏,活也好,就是懒。上车后,他说,庆习哥,我和你大哥发生的事,你知道不?因为我从不记这些小事,更不记仇,所以他一问把我问住了,但我马上又想起来了。我说,你是知道我哥的,有些事别和他一样。他说,庆习哥,我早就想和你说说,但不敢见你,对不起你,你帮过我们家那么多的忙。我说,以前的事别说了。我的司机说,大爷都这么大年纪了,你不该打他呀。他说,我就推他几下,没怎么打他。我说,老表,今后我哥再有做得不对的地方,你和我说,我会批评他的。他说,庆习哥,你还说什么,我这都不好意思了,你这是给我面子,我知道你的性格,不然你能把我揍毁。他知道我过去做人做事的方式,如果不是我们家富裕了,还像过去穷时一样,我真得找到他家里理论理论。他如不讲理,我还真得和他大打一场。我以前就是他说的那样的性格,能吃亏,但不能让人过分欺负。

  我认为,人要富了,千万不能以势强压人,让人过不去,特别是说话,别把话搁在人家话上头,伤人的心。

成功之道

　　人生的成功与失败是正常规律，成功没有标准，但失败也有失败的好处，失败能使人成熟、成长，很多人就是从失败中走向成功的，而成功则需要方方面面的条件和因素。

　　一、**灵魂健康**。人出生以后，先求的是身体健康，因为只有健康的身体才能做事，才能获得赖以生存的东西。但人只有健康的身体是不够的，更需要有健康的灵魂。人如果缺少了健康的灵魂，就是身体再好也做不成什么事。因此，健康的灵魂在很大程度上对人的成长和事业的成功起到非常重要的作用。

　　二、**勤俭创拼**。人走千里揣着碗，只喜勤快不喜懒。勤是摇钱树，俭为聚宝盆。只有勤俭结合才是立业治家之道。一个人即使有本事挣钱，但不会节俭，挣一个花两个，到什么时候也过不好日子，更谈不上成功。由于社会发展较快，单从勤俭说，干事业也许很难成功，还必须有创新意识和奋斗拼搏的精神，否则成功的可能性很小。

　　三、**勇气胆略**。从古至今有很多事实证明，任何事业的成功都不是随便能获得的。光靠勤奋和智慧是不够的，没有冒险精神和尝试，事业是很难取得成功的。

　　四、**注重细节**。细节决定成败，这句名言是千真万确的，在工作中若忽略了细节，再好的谋划也会毁于一旦。例如一颗纽扣毁了一架客机之事，伤害了多少人的生命。

　　五、**目标明确**。人从幼稚到成熟，思想特别活跃。在辨别是非问题上经常出现方向迷失的情况，目标是什么？路子怎么走？什么才是最适合自己的？一时很难拿准，出现定向难，迷失方向的问题。这时不必着急，要沉下心来冷静地思考,千万不能盲目,因为人一旦给自己定错了方向,是一生最大的损失,更谈不上成功。

六、原则态度。我们常讲态度决定一切,态度大多数是在关键时才能显现出来的,特别是在原则性问题上,往往牵扯到政策和法律。政策和策略不同,政策是原则性,策略是灵活性,在讲政策原则的关键时刻,就需要坚定的态度,因为干事情更要有原则,所以原则和态度就成为关系成功与失败的重要方面。

七、良好习惯。每个人都有自己的生活习惯。我们常说,你有什么习惯就有什么行为,有什么行为就有什么态度,有什么态度就有什么命运。我们干事业,成功与失败,往往都说是命运或者说是时运,但总的来说是习惯造成的。先是人养成习惯,到后来习惯就能左右人。所以说,习惯是好是坏,它能左右人的命运,更能左右事业的发展。因为不论你有多大的能力、多大的资产,只要沾染上了坏的习惯,事业再大也会毁掉。

八、谨慎交友。人在社会上交友处事特别重要,事业的成功与失败,最终是人与人交往的结果。在交往中处人的方式一旦错了,那就要倒大霉。农村有句名言,"搁着好邻居,吃酒又带花;搁着孬邻居,挨打又受罚",就是说处错了人得吃大亏。虽然说吃亏是福,但若是处到心术不正的人,你什么也干不好。所以说,一旦处错了人,损失是不可估量的,因此处人交友要慎重。

九、仁爱之心。不论你的事业做得如何大,如果没有爱心、善心、感恩心和同情心,你的事业很难在稳中求进,还有可能下滑甚至失败。因为人一旦缺少四心,就是对谁都没有感情。人只要没有感情,就没有精神食粮,不论你拥有多少的财富,只要精神滑坡,那么就会失败得更快,一夜之间什么都没有,有可能从大富豪变成乞丐。所以说,不论在什么年代、在什么情况下都要有善心、爱心、感恩心和同情心,不然事业难成,就连亲情、友情也会失去。

十、思想境界。思想境界是一个人追求人生价值的基础。因为人生的价值在于追求,你追求的目标越大,人生价值才能得到更好的实现。但是人的价值在于自身的思想境界,思想境界越高追求的价值越大。你的价值观不是为自己所独有,它是社会价值体系的一部分,要以人为本,有利于他人。

十一、遵纪守法。不论你是什么人,都要在法律规定的范围内活动,任何人都没有特权越过法律的界限。一个公民在任何时候,都不能因为自己有过功绩和荣誉而对法不敬。大家都知道"天下第一庄"大邱庄的禹作敏,就是因为他认为自己使村民走出了一条富裕之路,创造了世界瞩目的大邱庄,而变得自高自大,从而自立家门,触犯了法律,走进了大牢,判刑数年,病死在监狱。所以说,我们作为中华人民共和国的公民,要时刻把爱国守法牢记在心中,把法律法规作为我们事业成功的守护神。

十二、道德素质。在经济快速发展的今天,提高全社会整体的道德素质尤为重要,因为只有较高的素质才能保证事业的成功。在企业管理的过程中,我始终重视人的素质的提高,我公司的大院门口写着醒目的大字"重用人才,以德为贵,品德高尚,前途光明,努力奋战,刻苦钻研,踏踏实实地干好工作",这是当年大家都争着进我们公司工作时,打的宣传语,目的是提高全员素质。我个人认为,全员素质的提高,才是企业成功和发展的原动力。

计划生育政策调整有感

我们的国家是人口大国,资源有限,若不控制人口增长,将国弱民穷,因此国家必须采取强制措施,实行计划生育政策。但是重男轻女的传统观念阻碍了计划生育政策的实施,给计划生育工作出了难题。

我本人就是实例,为了想要儿子,从生第三胎开始就到处跑躲计划生育政策。为此,我跟一个大队干部说,我们的国家必须得搞计划生育,但是把这一政策搞得"太左"了,你们大队干部不能往上反映吗?他说,你敢反映吗?我说,我不是大队干部。他说,哪个大部干部敢呀?我说,你们大队干部联合起来。他说,你别瞎想。后来越来越严,竟然又提倡一对夫妻只生一个孩子。因我跟这位大队干部关系很好,又住得近,我没事时又跟他说。他说,你跟管计划生育的主任说去,你们还是亲戚,你跟她说呀。我说,我绝不是因为我自己想要儿子,我是为我们的国家。他笑着说,表叔,你整天讲大道理,你不当国家领导人太可惜啦。我骂他,你别讽刺我了。他说,你认为计划生育该怎么搞?我说,一对夫妻准许生两个,无论男孩还是女孩,绝对不能因为生了两个女孩再让她生,更不能因为两个都是男孩又想生女孩。把政策定好后,要严管、立法管。还有一个办法,如果想生也可以,让他们到内蒙古、新疆、西藏去生。我们不是经常说新疆的和田玉、新疆的大枣好吗?如能这样做,对我们国家的人口均衡也有好处。我说,这三个省的面积相当于中国国土面积的一半,虽然生存环境差,但住的人多了,国家投入大了,将来就会好了。如果能这样,对我们的国家边防都有好处,还能减少部队开支。国家如能把这三个省搞好,再加上黑龙江省、青海省,我们国家即使再增加两三亿人口,都能吃上饭。如果一对夫妻只生一个孩子,我认为将来国家的老龄化问题非常严重。比如现在20多岁结婚生子,40年后都60多岁了,到时候下一代的孩子结婚,两个人负担赡养4位老人或者更多老人的责任,这样就成了国家和社会的负担,这样的计划生育政策长期实行下去,40年以后,中国的劳动人口就要大减,再也谈不上在世界上是人口大国了。他说,表叔,你怎么这么会算呀?你别问这么多了,你想要孩子,要儿子,你把你自己的事搞好就行了,别经常谈国家社会的大事了,你没上学真可惜。他把我批评一顿,又说,表叔,让你去新疆生儿育女,你去不?我说,如果国家的计生工作能像我说的那样,立法严管,我又想要儿子,或者说想多生孩子,我肯定去。你就等着看结果吧。他说,我不是讽刺你,你说的确实有一定的道理,但谁敢反对计划生育政策。

  改革开放后,他不当大队干部了,有一次见到我,他说,表叔,计划生育政策比原来松多了,让你当年看准了。我说,还没有明确的政策呀。他说,要不了多长时间就得明确政策。我说,就是让人大量地生,也有相当一部分人不愿意生。他说,为什么?你又看到哪一年了?我说,现在生孩子成本高了,生、养、育,孩子的房子、结婚问题都是大事,生不起了。如果国家不调整计划生育政策,就成了真正的老龄化社会了,到时候国家负担更重。

家风小议

习近平同志曾说:"家风好,就能家道兴盛、和顺美满;家风差,难免殃及子孙,贻害社会。"一语道出了家风的重要性。

大家都知道,家庭是社会的细胞。而家风就像细胞中的基因组,基因组的排序如果有了问题,那么在传承上必然会出现偏差。我在《感恩的心声》一书中就想写写家风,但很难动笔,因为认识我的人都说我家的家风好,说你这么多的孩子都教育得这么好。但我总认为名不副实。因为家风的形成不是一代两代人的事,何况我们家这么多的女孩子,从传统观念上说女孩子都是人家的人。但我不是这样想的,更不是这样做的。我的二女婿朱肖飞说过,像爸这样对外孙培养和教育认真负责的根本不好找,特别是在学习上更为重视。但如果单从这一点上来说,还不能算是好家风,因为家风的内涵太丰富了。它需要几代甚至十几代人的努力奋斗、延续传承才有可能形成。好的家风一旦形成,它对后代子孙的熏陶作用是不可估量的。

说起好家风,我想到了我的一位好朋友,他在县人大工作。因为我是县人大代表,又是两届省人大代表,因而和这位朋友的交往多,了解了他的人品和能力。他很尊重我们这些人大代表,支持我们的工作,我们从内心里感到可亲可敬。熟悉他的人都对他非常认可。我到合肥后,又听到过去和他共过事的人说他的事,都说他的人品好、能力强,还说他的字写得也好。就这样,随着交往的频繁和了解的增多,我们成了无话不说的好朋友。我在心中,对朋友的人品、能力、形象,特别是诚实和厚道的品质都是很欣赏的。我经常和我们省人大代表组长郑主任说起他,我的这位朋友很大度,看问题也有高度、深度,处人处事有包容心。郑主任说我总结得到位。郑主任在我面前从没叫过他主任,都是叫他哥哥,这说明她也很尊重他。这位朋友叫我庆习哥,相处的时间长了,什么话都说,由此提起了我几十年前相处的、使我最难忘的一位老领导。我说,我们镇计划经济时叫公社,有一位姓刘的书记叫刘明远,老百姓都称赞他好干部。因为他最亲近老百姓,老百姓给他起了个亲切的外号为"大个子书记",是因为他长得高,人有能力,让人感到可亲。我还没说完呢,他接着说,你说的那个人是我的父亲。我当时很惊讶,就说,你要不说我哪能知道,这一说,我看你真像你父亲,你父亲也是大平头,但比你高。他说,父亲一米八几的个子。我和这位朋友感觉更亲切了。因为是两代的朋友了,我就跟他说起我是怎么认识他父亲的。我说,你父亲在我们公社,老老少少没有不知道他的名字的,看菜园的人都认识他。他的记忆力特别好,也能记住这些人的名字。和你父亲相处的人中最年轻的就是我。因为我的农活干得好,每年夏秋收完,庄稼进了场,生产队长就把我派到场里去,在场上的时间特别长,等粮食全部进仓库了,我才能回家,每年都是我一个人看场。有一次,刘书记下乡检查工作,到我们场里时,就我在那里,他问我,这么多的粮食都在场里,怎么就你一人看呀?我说,都回去吃饭了。他说,大家让你一个人看粮食,说明你让人信任。由于我的脚气重,脚疼,走路一拐一拐的。他看到后问我,你的脚是怎么搞的?我说是脚气,他让我把鞋脱下来给他看看,然后说,这夏天到处都是沙土,你别穿鞋了,光脚蹚热沙土上,天越热越光着脚蹚,一定会好的。我当时想,难怪老百姓没有不服他的,今天我真的领教了。一位领导能为我的脚气这点事,让我脱鞋给他看,又给我指出治疗的方法,从此我对刘书记感觉亲切了,后来竟成了朋友。没多长时间,我姨母来我家,问我脚好点没有,我说好多了。她问我是怎么治的,我说是公社的刘书记给我说的法子。她问是刘大个子吗?我说,你怎么也叫人家刘大个子呀?她说,谁不认识他呀,我们庄上没有不说刘大个子好的,都说他是个好干部。我姨虽离我们家远点,但也属于一个公社。后来刘书记调走了,老百姓都说,要让俺当家,说什么也不让他走。刘书记在我们公社干了10年,调动时老百姓总想留住他。他虽然调走了,但他的能力和人品永远留在我们公社人的心里。我说这话绝对不是奉承他,直到现在一些老年人提起他还非常怀念。说来也巧,他调到赵庄公社任书记不久,我就承接萧县公路站的工程,到赵庄建桥。一天下午,刚开始干活,该村的大队书记来了。他问我,小王,这桥什么时候能建好?我说,不要两个月。他说,能这么快吗?我说,你等着看吧。我问书记,上午你怎么没来?他说,别谈了。我就把活停下来,听他说个究竟。他一五一十地说起了他上午到公社开会的事。他说我们在全县是个老大难的公社,这回好了,我们公社的老百姓有救了,来了个好书记"刘大个子"。我问,你们公社有救了,怎么救?他说,这个书记肯定有本事,光听说调来个好干部,个把月了没见人,今天开会才见人,太厉害了!我问,什么会议?他说,三个字,整会风,一上午没有一个人提前走,更没有一个人说话,讲得让不想听的人也想听了。我说,有这么神吗?他说,我们公社的各个大队的什么情况他都讲得一清二楚。我说,您大队哪?他说,我干了这么多年了,有很多情况我也不知道,但他让我真服了。没等他说完,我接着说,你说的这个书记我了解,他在我们公社干了很长时间,老百姓没有不夸他的。他问,你认识他?我说,不光认识,我们还是很好的朋友。第二天,我向负责工作的敬升哥请了个假,专门去看刘书记。见到他后,他很亲切地问我,庆习,你怎么到这来了?他是第一次叫我庆习,以前都叫我小王。我说,我在这附近建桥,昨天听大队书记说你调这来了,今天过来看看你。他说,中午在这吃饭吧。因为这里离工地近,回去很方便,所以就没同意留那吃饭。从此以后再也没有见过他,但他在我心中的形象永远都是高大而又亲切的。

  我和这位朋友是真正的世交,因为我和他父子都是好朋友。我们俩闲谈时,有时听他说起老一辈的事,他特别敬重他的奶奶。他说,奶奶18岁嫁到我们家,是个普通的劳动妇女。她虽然一个字不识,却具备了中国劳动妇女的诸多传统美德。她勤劳节俭,善持家。爷爷不到50岁就去世了,她侍候公婆,又一手拉扯大了我父亲兄妹五人。老爷爷、老太太去世时,爷爷已不在世,父亲又因工作不能回家,她拉着哀棍,亲自扶棺把两位老人送到地里。曾经为了供父亲上学,她省吃俭用,吃的馍是用麦麸子掺菜做成的,用手拿不住,只好用碗盛着吃。她从不说苦喊累,在家里、村里总能听到她爽朗的笑声。奶奶具有一般农村妇女没有的远见,刚解放时,社会比较乱,村里有的年轻人怕被政府征用而剁掉右手食指的前一节。而奶奶顶着很大的压力,毅然把父亲送出去参加了工作。父亲后来当了县卫生科的科长、公社书记,奶奶从未向父亲张过嘴、伸过手。三年困难时期,父亲在永固公社当书记,家里早已断粮。奶奶拉着小姑外出讨了三个月的饭,父亲也是后来才知道的。60年代初,奶奶在县城陪我读书的那几年,生活实在困难,她为了不给爸爸增加负担,谢绝了爸爸同事及好友的帮助(因为那时大家都困难)。她白天上山割草、拾庄稼、捞红芋,晚上纺线,常常半夜不睡觉。为了不给爸爸增加负担,在县医院的医生家当保姆,洗衣服,从不认为自己是卫生科科长的母亲而感到难堪,从而赢得父亲同事、医院职工及周围邻居的尊重和赞赏。我有了孩子以后,奶奶随我爱人住在赵庄棉花收购点给我带孩子。她一有空就开荒种菜。每到夏秋瓜菜丰收,无论是亲戚,还是卖棉花来找水喝的,她都摘一些送给人家,人家不好意思要,她就劝人家:"这地反正也是公家的,俺又吃不了,坏了就可惜了!"我父亲正是从我奶奶身上继承了优良品德,无论在永固公社,还是在赵庄公社,遇到了困难群众,她总是掏出身上仅有的几块钱、几斤粮票救济人家。

1985年9月,我父亲突发心肌梗死去世,奶奶老年丧子,其悲痛可想而知。她大哭一场后,对着我们一家人说:"你们都别哭了,你爸爸走了,咱们日子还得过,我还领着你们,都别怕,咱一点一点往前走。"正是奶奶的坚强、善良和亲和力,使我们整个家族(包括亲戚)从悲痛中走了出来,克服了重重困难,使日子一天天好了起来。奶奶去世时,我家五代同堂,这在我们村周围是少见的。她继承了老爷爷、老太太的善良、忠厚、诚实的品质,又传递给了她的儿辈、孙辈、重孙辈。我们这个家族中每一个成员对老人的孝顺,对亲戚的和善,对朋友和邻居的友爱、宽容是经常被人们称道的。听了朋友的介绍,我深深地体会到什么是家风,这就是家风,家风对人的影响,就像春风化雨、春雨润田,虽然无声,却是那么自然而又刻骨铭心。

再说老中医李济仁,安徽歙县人。家庭传承济世仁术,救人无数。两代人7位教授,兄弟间3位博导。李济仁是全国首批国医大师,也是国家级非物质文化遗产"张一贴"的传承人。他始终秉承"孝悌忠信,自强精进,厚德中和"的家规家训,他的5个子女在中医药领域各有建树,传承和发展中医文化。2016年,李济仁家庭获评首届"全国文明家庭"荣誉称号。好的家规、家训带出好的家风,使子女从小耳濡目染牢记在心,一代一代地传下去,形成一股强大的精神内在动力。

好家风是一个家族世代的传家宝。有这样一则消息,在美国有两个家庭,由于家风的差异,形成了鲜明的对比。一个家庭的始祖是200年前康涅狄格州德高望重的著名哲学家嘉纳塞·爱德华。由于他重视子女教育,并代代相传,在他8代子孙中,出了1位副总统、1位外交官、13位大学院长、103位大学教授、60位医生、20位议员,在长达两个世纪中竟没有一个人被捕。另一个家庭的始祖是200年前纽约州的马克思·莱克,他是臭名昭著的赌棍加酒鬼。他经营赌馆,对子女教育不闻不问,在他的8代子女中,有7个杀人犯、65个强盗、423个乞丐,因狂饮而死亡或残废者400多人。由此可知,家庭教育的好坏对子女人生前程的影响会有天壤之别。因此,搞好家庭教育,营造良好的家庭风气,不但惠及子孙,更能造福整个社会。家风好了,整个社会的良好秩序与和谐氛围才有可能逐步建立。

凝心力无穷

1992年初,镇政府要求村里发挥能人作用,以带动全镇社会、经济的发展。镇里领导知道我在外面搞工程,希望我回到本村带领大家致富。村支书找我谈话,我经过再三考虑,决定再从村境内原徐州人投资失败的两个小煤矿入手,建立一座正规的煤矿。经考察论证,总结了两个小煤矿失败的原因,通过补钻详查,决定在1993年5月7日破土开工建井。按说这么大的工程开工,应邀请各级政府领导参加开工仪式,特别是主管单位更得请到。但我们没请任何人,只有我请来的国有煤矿的几位负责人和我们村建井的技术工人,放一挂鞭炮就算开工了。当时,没有不说我小气的,还有人说我太傲,看不起上级领导,也有人说我人缘不好,等等,我全都装作没听见。开工后,本村和邻村里的人都想到矿里干活。由于刚建井,用人很少,只是用一小部分有技术的大工,三班共用几十个大工和十多名小工。国有煤矿的人既有建井经验,又有强烈的责任心,再加上左右两侧有两个开采失败的小煤矿作例子,所以他们特别慎重。以前两个小矿都是因为在地下30多米处的流沙太大,始终没过流沙层,就失败了。南边的矿采取斜井建设,北边的采取直井建设。南边斜井投资300多万元,时间两年多;北边直井投资近200万元,也有两年多,还不算后来停下后留人看着。我请来的几位领导,特别是王矿长,我全部放权给他。他们虽是国有大矿的领导,干了一辈子,但看到眼前两个矿的惨状,都做好了充分的准备,从思想上特别重视。为了过流沙层,还请了不少有建井经验的工程师,整个建设过程特别顺利。就在接近流沙层之时,工程停止了,担心的问题发生了,他们就按预定方案停止挖土,让已建好的井壁慢慢往下沉。但他们万万没能想到大井壁从上半部断了,整体掉了下去。他们吓坏了,因为他们认为从建井的经历上说从没有过这样的情况,也不应该有此情况。为此,他们马上通知我,我得知情况后,很快赶到现场,下井查看原因。他们认为我看到这种情况后,肯定出现情绪失控,几位领导始终陪在我的身边。而我却镇静地说,问题既然出来了,急也没有用,按照预案马上采取有效的措施解决。他们看到我很冷静,就说,这怎么办呀?我马上把王矿长和郭矿长叫到一边说,别着急,我不怪你们,我们已经这样慎重啦,但问题还是出来了,我们大家抓紧研究补救方案。大家想了半天,也没有什么好的解决问题的办法,因为断下去的井壁重有 700 吨,上面还有一节怎么办?最后叫我说说自己的想法,我提出四点建议:一是工人不停工,干杂活。二是就说和建井专家联系过了,这属于建井中的正常现象,有办法解决。三是我家有梧桐木板,拉来把断处的井壁边用大板挡住,别让泥土进来,再把所有电焊工都用上去,抓紧用超常规大号螺纹钢筋焊接上,焊接要比原来的常规接头再长点,因为上边还有很重的一部分,不然再断了就无救了。接着用高标号水泥注浆进去,注浆时要注意没有注到的间隙,然后停三天,让工人先干杂活,等水泥凝固后,再继续建井。四是关于出现的一切问题,如有责任,都由我全权负责,不让任何人承担责任。这时,凡是参与建井的同志,听到我的四点建议,没有不说我有大度之心的。承包建井的大矿领导和工人,他们谁也没有想到我有这样宽容的态度和临危不惧的精神。就在发生此事的第二天,镇领导非常关心,亲自找到我,说这不是小事,是技术问题,哪有建井断井壁的事,让我抓紧准备一些资料起诉他们。我一听此话,也知道他们是好意,但是绝对不是解决问题的办法。我当时对领导的关心表示感谢,他们为此事专门来看我,还为我出谋划策。我耐心给他们解释我的想法,并决定千万不能走这条路解决问题。他们听我说得有道理,就不再坚持了。后来此事也被大矿的几位领导知道了,他们也很能理解镇领导的想法,还说换位思考,如果是他们也会做出此事来。因此事传得太快,紧接着县里主管部门煤管局来到我们矿进行安全检查。刚来到就要下去看看,我和他们一块下去了,刚到断井壁的地方,他们问,这是怎么回事?这时在场的人没有一个人敢说话。我赶紧说,这是为了那两个矿建井时过流沙层困难的总结,他们大矿有建井经验,特地用水泥加固的。当时气氛特别紧张,但被我的回答马上给消解了。事情过去好长时间,他们大矿的几位领导一提起此事,无不说我是发自内心地真诚地为他们解围。

等几天水泥凝固后,接下来正常建井。工人下井首先挖土,因断井挤上来的土太多,挖了两三个班才挖到"刃脚"。沉井底能往下切土的部分叫"刃脚"。因为这些工人都是建过矿井的,他们发现挖出的土方全是流沙土,挖到底后见到"刃脚",不见流沙往里流了,他们再往下挖,挖到了硬土,见了红泥,工人高兴地说,好极了,太好了,没受点难为就过了流沙层了。大家知道此事,特别是几位负责人,都特别高兴,我就更不用说了,高兴得流泪,这是为什么呀?很简单,近700吨的重量掉下后,冲击力太大了,一下子把流沙层切断,贯穿过去了,直至硬土红泥。这下子可把我们全矿的人欢喜坏了,包括一些社会上的人,特别是我们村里的人,他们都说王庆习做的好事太多了,把坏事也变成大好事了。人家江苏徐州的两家花这么多的钱,干这么长时间,因为流沙都失败了,王庆习没费劲,把流沙层打过去了。在当时,就连镇领导也没想到我们打井进行得这么顺利,特别是主管部门,因为他们都懂得建井最怕流沙,最难的事就是如何能打过流沙层,可我们因祸得福,坏事转为大好事,真是天助我也。

矿井建好后,我又到大矿找到书记、矿长,恳求他们的人留在我的矿里帮我管理。大矿领导特别支持我的工作,同意我的恳求,把承包我矿的原有人员,一个不动地留下来帮我管理。我对他们也特别尊重,对他们放心、放手、放权。同时跟他们说明,只要用心尽力想干好,出了任何责任我都承担,成绩是他们的,责任我来担。

这件事使我想到,在困难和问题面前,埋怨、叹气、发火是没用的。只要互相理解,凝心聚力,真诚协作,就一定会柳暗花明又一村。

杀敛财之风

1995年,我的煤矿刚投产,需要很多的工人,那时农村闲人多,很好招工。想进矿工作的,人托人脸托脸地找我。我经过再三考虑,确定了谁用人谁招工的办法。若我亲自招人,则对将来的管理不利。我当时采取"三放"的办法,即放心、放手、放权。全矿除关键科室以外,各科都有权招人。由于好招工,来应聘的人太多,他们就根据其他企业采用的办法,让职工交押金2000元。我说,只要素质好又有技能的,不交押金也行。但他们说,不交押金,谁想来就来想走就走,不好管理,结果以600元为押金,这在当时煤矿行业是最少的。没多长时间,各单位都把工人招齐了。有一天早上,我在厕所方便,进来了两个人,因为天太黑,根本看不见人,这两人是从外边说着话进来的。有一个人说,我要知道这么容易进来,我就不花钱了。另一个人问他,你花多少钱?我买了一条好烟、两瓶酒,花了300多元。又问,你怎么样?他说,我一分钱也没花,这矿的老板可好了,叫王庆习。那人说,谁不知道王庆习的名字,但县官不如现管。我听到后,怕出事也不好问他们两人名字,他们说着就出去了。没多时,我去找矿长,叫他认真查查谁收的烟酒,又想刚放权就找人家的麻烦,还是等晚上调度会再说吧。我们每天晚上7:30准时开调度会。我去参加调度会,值班矿长看我参加会议,他知道肯定有特殊事,因为没有特别事,我不参加调度会。矿长让我先说说,我说,你把工作安排好,我再说。他很快把工作安排好,又强调了安全的事。接着我说了,我今天参加会议,主要是给在座的说说,我们招收工人的各个单位,要提高自身素质,要取财有道。我们全矿上下必须大杀敛财之风。招收工人时收礼的干部把手里的权力用错了,毁了企业,到后来毁了自己。谁要能招来有技术、素质高的人,你不要收人家的礼品,我可以奖给你更多的礼品和钱。从今天起,下不为例,如果查到谁还这样做,你和你招来的人都不要干了,我们不能坏了名誉,我王庆习宁可丢掉家产,也要对得起王庆习这三个字,这是做人的基本原则。从此以后,再也没有听到这样的传言。

"四慎"之贵

> 四慎自警能立身,自我约束心安稳。
> 独处无人神明知,微细之处见精神。

"四慎"有什么可贵的呢?我认为不论什么人,工人、农民、干部,直至国家领导人,要想在人世间能有立身之地,并且走得快、行得稳,最关键就是要做到处处谨慎,即古人所说的"慎独、慎微、慎言、慎行"。

改革开放使新时代的人思想活跃起来,百花齐放,各显神通,一大批能人、大胆的人、敢尝鲜的人脱颖而出。"让一部分人先富起来"的政策造就了一大批有钱的人。可确实有不少先富起来的人忘了国家好的政策才是他们富起来的原因。他们大肆挥霍浪费,为富不仁。有的官员在执政之初也作出了一些成绩,但他认为是自己的本事。随着地位的提高和权力的增大,借机捞取不义之财,给国家造成了损失,给社会造成了极坏影响。他们忘了"四慎"的古训。"慎独",就是自己独处时,依然能自觉按规矩和法律做事,不欺心。要懂得"人在做,天在看","举头三尺有神明"。这个神明就是党和人民的监督。"慎微",就是说无论多么微小的事情,都要做到不因善小而不为,不以恶小而为之。"慎行",即人的行为举止要端庄、正派。处理问题,要重规矩、合情理、守法度,不轻易作出决定。"慎言",民间有这样的说法,"能吃过头饭,不能说过头话",意思是你如有条件吃什么高档宴席都行,没有人会说什么,你如果把话说过头了,会引起众人恨,甚至会引祸上身。常言讲,"病从口入,祸从口出",也就是说,病是吃进来的,祸是说出来的。话到嘴边留三分,你如不慎言,说出去的话是收不回来的。同时要做到言出必行,行必有果。我想一个人如果能做到这"四慎",那他一定是一个追求完美的人。

谈人情

当今社会,经济的快速发展,致使许多人一切向钱看。特别是一些年轻人,人情味越来越淡。过去人们相处时重情重义,虽然条件差,大家都穷,交通、通信不便,走一趟不容易,亲友交往实在难得。日子过得虽穷,但亲友之间感情真诚,浓浓的人情味使大家都生活得幸福。家里来的客人要走时,主人一送再送,直至分手,主人还站在原地看着客人远去,直至看不见身影才返回家。特别是朋友,有时感到比亲人还亲,离别后思念数日。

这方面我有亲身体会。20世纪70年代末,我县城里的一个朋友是汽车教练,用车方便些,所以每次都是开车来我家,走时,我坐他的车子把他送到平坦的路上才下来,直至看不见车子了,我再走着回来。我到现在还是这样,在老家也是把客人送至路上再返回。现在住省城了,家里来人,走时,我一定要把他们送到小区门外。有时候,自己的孩子来了也是这样,孩子走时不让我送,我也会站在阳台上看着他们离开小区。特别是和大学生们交往之后,在他们走时,我必须把他们送到路上,有时还陪他们一块走一段路。如果他们推辞,我就说,我权当走路锻炼,和你们说说话,若他们有急事,我就不多送,怕影响他们办事。还有我交的一些老朋友,他们大都是这样做的。如萧县教育局的原局长孟智平,他现已80多岁,我每次去他家都跟他聊很长时间,回来时他送了又送。还有安徽大学的老书记,他住的是楼房,我认为他年龄大,不想让他送我,但每次他都把我送到楼下,站在那里直至看不见我才回去,我也回头看着他和他道别。

当今时代国强民富,物质条件好了,人民过上好日子了,为什么人情味淡化了呢?为什么年轻人自杀的越来越多了呢?究其原因,是信仰缺失,思想空虚,缺少精神食粮,人与人之间缺乏真诚的感情。我总说"物质上的满足永远代替不了精神安慰"。从古至今,那些自杀的人中,又有几个是因为穷,吃不上饭而自杀的呢?大多是那些名人、有钱人、有官位的人和年轻失恋的人。现在的年轻人追求钱,追求完美,追求新鲜感,一旦追不到就感到失落,一时想不开就冲动行事,导致一辈子后悔。特别是那些钱心重的人,再好的亲友如没有钱,时间长了,感情就淡化了。现在好多家庭的年轻人,家里来了客人时,如果他正在看电视,最多点头打个招呼,继续看他的电视,很少有人会把电视关上陪客人说话的。特别是孩子,坐在那里,看也不看客人一眼。我们自己家里就有这样的事,我不怪他们,因为他们的爸妈没有教过他们,认为是小事,如果经常教育引导他们,他们难道学不会吗?来了客人,怕影响孩子看电视,主人把客人叫到其他房间说话,这样的事在很多家庭都有。如果客人要走,客人刚出门,主人就忙着把门关上看电视。还有住高楼的,站在电梯前,客人刚上去,主人就返身,这就是一种应付的态度。过去的通信和交通条件太差,人们很长时间难得见面,所以见面时难舍难分。现在交通发达,特别是信息传播更快,在手机上随时可以发信息问候,致使人情味越来越淡。但这不是理由,还是应从内心找找原因。比如我到女儿家去,她们总是站在电梯前等电梯门关上才离开,我再三催她们进房间,她们还是等到看不见我了才离开,有时还趴在窗户上看我,然后打电话让我走慢一点。这是一种发自内心的情感。由亲及友,由友及邻,直至全社会,人人都能讲友谊、重情义、求和谐,这个社会就将是一个幸福的大家庭。

为民谋福冒险值

改革没有现成路,创新能把经验出。

为民谋福冒险值,敢闯敢试不待时。

2006年,我在报纸上刊登了选村建新农村示范点的消息,两三天的时间就有100多个村来电话联系报名。我给报社负责人说马上停止报名,然后一个村一个村地考察,最终选择了全椒县马场镇新安村。

进村后,根据实际情况,先选一个小自然村,因为小村容易做工作。我们来到村支书所在的王庄村,该村有22户人家,经过再三地做工作,村民支持了。我想把该村整体迁出去,因为该村的地势低洼,雨水多一点,村里就会积水。但迁村不是件小事,因为必须迁到其他村的土地上,我给村委会主任出主意,用集约土地的办法与其他村调地,这样很顺利地就把迁村用地的问题解决了。由于迁村牵扯到每户村民的利益,情况太复杂,就叫村支书让这22户先搬家,自己想办法解决临时住房问题,我建的房子也安排了住户。村民刚搬完,我们就以最快的速度把村民的老房子全部推倒,很快进入了建设阶段。刚开始没几天,基础还没建好,县土管局就叫停,说是违法占地,我内心也知道在新的生产地建房属于违法占地行为,但我马上就能造地,并能多出30多亩地。这一停把村支书愁得没办法,马上打电话给我。因我在老家,我心想,意料中的事来了,我马上回到全椒县找到县长,把此事说清。县长说,我们还打算在新安村开现场会呢,这事谁捅上去了,没办法,因占地违反了国家的政策,踩到了"红线"。我说,现在不建得出大事,因为老百姓的房子全扒了。他说,这么快呀?农民现在住在哪里呀?我说,一切都安排好了,干冒险为民的事不快能行吗？他说，既然扒了，不建也不行呀。我说，如果让社会上都知道了，建不成才可能出大事，现在我们跟农民说是因承包方的价格问题停工的，老百姓还不知道真实情况，如果知道能闹翻天。他说，你们半个月能把旧村的土地整好吗？我说，不要半个月，最多一个星期就能整好。他说，那就没问题。他同意后，我马上回来和村两委说抓紧整地。仅仅三天多的时间就把老房子占的地全部整好，周围定上界。这特别好的40多亩地给县政府增加了用地计划，这样也就不用怕了，同时还走出了一条整合土地资源集约村庄的新路子，22户人家新占地只有6亩多，又多建了几户还不到8亩地。回想此事，我之所以敢这样做，是因为我始终对新农村建设有自己的想法，就是想为新农村的建设找到一条新路。当时我向村干部表态，出了一切问题由我来承担。由于心正，办法又好，同时得到了县政府的支持，我们很快把房子建好，让农民搬进了新房。

教育篇

自警自戒

人生在世正为本,走上邪路必沉沦。
业绩再大本不忘,夹着尾巴学做人。
实干兴业又创新,清明家风万代春。

这是我总结的人生戒律。因为我住在一个 1000 多人的大村里,全村就我一家姓"王",单传几辈子。后来和南村合并有 2000 多人。由于 10 多岁时父亲离世,母亲长期身体不好,我那时就承担家里的所有责任。因参加生产队干活实在,能吃苦,他们很感动,给我 10 分的工分(满分),而且经常受到老亲少邻的表扬。20 岁时母亲又过世,我们兄弟俩住的房子都破烂不堪。母亲去世后,我经过努力,于 1969 年把房子建好,1970 年结婚。由于吃的苦多,经历的事多,自认为成长也快。以后学了不少手艺,接着又组织人承包小工程,就这样经常听到的都是好话,表扬的话。因此,我常常提醒自己,"逆耳贵如亲,顺言听时慎"。虽然正直的劝告听起来不顺耳,但有利于改正缺点。为了长期警示自己,我就请人把"人生在世正为本,走上邪路必沉沦"写在墙上的醒目处。有一次,省委书记卢荣景带领省几大班子的领导,还有全省各个市的市委书记和市长来我们企业检查并指导工作,让我给各位领导汇报企业发展的经验。我当时就把发展中的实例如实向各位领导作了汇报。我始终强调做人、处人、亲人、爱人、发现人、留住人、用好人,调动人的一切内力来发展企业。同时强调办企业要以做人为本、发展为本、责任为本、人民高兴为本,最终不忘本,为国家和人民作点贡献是理所当然的。我的汇报得到各位领导的一致认可,汇报结束后,大家到院子里时,卢荣景书记和省政法委陈光林书记看到我们东墙上的两句话,就让大家都过来,他们边看边议论。卢荣景书记问我,这是你说的话吗?我说,是的,请别人写在墙上,为的是使更多的人不忘初心,也警戒自己不要有点成绩就自大,以免走上沉沦之路。他笑着说,太好了,太实用了。后来,各级领导到我们那里检查指导工作,都对我这两句警言给予肯定和赞许。

不比享受比成就
——与外孙王圣卓交流人生感受

书到用时方恨少,刻苦学习要趁早。

处世做人须低调,立志成才目标高。

我特别重视大外孙的学习情况,因为他是外孙、家孙十个孩子中的老大,是我大女儿的孩子,从小在我们家长大,大家都喜欢他,在同龄孩子中还算懂事,会做家务,对社会上的事知道得多。但学习成绩不太好,现在已在高三复读,所以我在不影响他学习的情况下,不断用电话和他交流。我女儿看我为他太操心了,有时候跟我说,爸爸,您别再为孩子的事操心啦。我有时很严厉地批评她说,到什么时候对他的学习和做人的指导,我都不会放弃。

有一次,我和他通话,外孙说起他爸妈不关心他,说什么人家的家长都不断来学校看孩子,我都开学一个多月了,爸妈没来看过我。等他说完含有怨气的话,我说,你能不知道家里的情况吗?都忙呀,我不经常和你说吗?我十二三岁就领家过日子,且不说我那个年代,就说你们学校,难道就你自己爸妈没去看过吗?我说,你如果考上大学,到中国最偏远的地方就读,爸妈也得常去看你吗?我经常跟你说争取将来到发达国家去学习,如果能实现,你妈也得跟着你吗?我感觉他接受了我的批评,我就接着说,你把我经常关心你学习上的事给你爸妈补上。我告诫他,千万别与他人比生活享乐,要比人生价值,比学业成就,将来为国家作贡献,向你五姨、周胡军叔叔、舅舅和舅妈学习,向身边优秀的同学学习,要低调做人,高调做事。要树立远大的目标,多为国家和社会想,一定要有利人利国的心,只有这样,你才会有美好的前景。他很高兴地接着说,我们学校有一个特别了不起的同学,现在为国家创造了有价值的东西,在社会上影响很大,我现在就以他为榜样。我高兴地说,你身边有这么好的榜样,你又真心向人家学习,那我就放心了,我还等着给你发奖金呀!

　　那天晚上,我们电话交流了很长时间,从此他再也不跟人比享受之事了。我也和他爸妈讲,一定多关心孩子心灵的成长,多抽时间看看孩子,让他知道爸妈是真正爱他的。

不向困难低头

我在1970年四月初七结婚。结婚场面大、酒席办得好,当时在全县也是少有的。在那个年代办事,大多数人都用大铁桥香烟,条件好的、讲究些的人用丽华烟。但我办事情用的是东海烟。那时,大铁桥烟每包一角五分钱,丽华烟两角三分钱,东海烟两角八分钱。结婚头两天杀猪、杀羊,办了五十几桌,四大件的席头。新娘来的那天,全是好面馍。当时大多数都是红芋干馍,讲究点的用包皮馍。但我从小处处讲好,"死要面子活受罪"。把事情办好后,欠了好几百元的债务,左邻右舍的婶子、大娘都说,乖乖儿,你什么时候能还清账。但我不怕,因为我有技术,还有一双勤劳的双手。

我想在两年内把债还清,就拼命挣钱。到了冬天,有的人就不干了,我和本村的许成良,他叫我表叔,我们两人一块跑到永固的南边大山头打瓦子石卖给煤矿。每天早上起得特别早,因刚结婚,那时我妻子才十七周岁,我比她大五岁,大多数的时间都是我早起,自己做点吃的,再做几个馍带着中午吃,还得提一壶开水留中午喝。干活的地方离我们家有九里地,到地方天才放亮,刚能干活。晚上什么时候看不见了才收工。来到家吃过晚饭就十点多,有时候更晚,每天只能休息几个小时,现在说起来都没人信。成良看我两只手裂得经常流血,手锤把染得像红木一样,有时候拿不住,就把锤撂多远。有一次把锤撂出二三十米,顺着斜山坡,一下子就滚远了,还得跑到下面把锤捡起来继续干。人家都裂手面,但我手心手面都裂开花,手肿得像萝卜,钻心地疼。成良说,表叔,你真没法干了,你看你的手肿得像个发面馍头似的,你干我也不干了,你这样干会把我弄死的。也不知什么原因,他的手再冷的天气也从不开裂。我说,你不裂手,你怕什么?他说,表叔,我天天看你的手肿成这样,真不忍心再干下去了。我说,你不干,我自己干,我若不干,我欠人家那么多的债什么时候才能还清呀。到后来,他也陪着我干,他的技术很好,是出名的大架活。但我干起活来从不觉得累,没完没了。我知道他是心疼我,因为他亲眼看我长时间地受罪,天天流血流汗。我干起活来经常满头大汗,他给我起了个外号,叫我"火紧"。我问他是什么意思,他说,炕小鸡,火候大了,鸡就坏了。我把他骂一顿,因为我们俩的关系好,我跟他说下决心两年内把债还清。他跟人家说,我没见过表叔这样的,真能吃苦,太会受苦了,双手肿得都拿不住锤了,天天流血,他还不觉着,我们谁能这样,天天中午吃点干馍喝点开水。谁知他哪里来的劲呀,他早上有时候还得自己做饭。后来,我给他说,成良,有些事没摊你身上,你不知道,你从小到大有老人,你没受过苦,像我这样的,上没有老人,妻子才十七八岁,我又会做饭,我把她叫起来的时间,我就能做好。妻子桂华有时候怕我起早睡晚,她头天晚上就要把馍给我做好。她说,你就是明天早上做,到中午也是凉的。后来,桂华头天晚上做饭,就把我第二天需要的馍做好了。我跟她说,我回来得晚,你不要等我回来吃饭,你先吃,我回来后,如果凉了,再热一下就行了。我们家的这一规矩,从没有变,我从不让孩子大人等我一起吃饭,我们家的剩馍剩饭大多数都是我吃,我从不认为我能挣点钱就得比家人多享受。我认为,作为一个家庭的男子汉,应该承担这样的事。成良说,表叔,我真服了,在两年内你肯定能还清债。我们两人在本村或者说在社会上的石工技术都算是好的,我们每天打的瓦子石一块不剩,都有人拉走,每天晚上就知道自己能挣多少钱。在那个时代,每天能打一车子瓦子石挣 10 元钱左右是件了不起的事情,我们一直干到春节跟前。有时候成良家里有事不去,我自己也得去,但我们分钱从没有论谁缺工了,照样每人一半。他有时说,表叔,我好几天没来,都是你自己干的,我不能一样呀。我说他,你的技术比我好,你也没多拿钱。他说,你太会夸我了。因为我们每天谁打多少块石头两人都知道,所以他说我太夸他,因为他是大架子活,我是一天到晚从不休息,他有时候得休息吸支烟,所以他每天不比我打的瓦子石多。我们一到晚上,看到自己一天的成果感觉特别有劲,心里得到安慰。等到第二天拉我们瓦子石的人再来拉瓦子,把头天拉的瓦子条子(以前都是开条子,然后一起算)给我们时,我们心里特别快乐,天天都进钱,并且在那时还算挣了很多钱。我欠的几百元的债务,从 1970 年四月初七结婚后,经过一个冬天,到第二年的春节前,就全部还上了,有时候人家还得找我借钱。因为我一生有两个好习惯,一是诚实,二是惜时,从不浪费时间。我常在不同的场合讲,浪费时间就是折腾自己的生命,我不论吃饭、走路,干什么都快,并且要求高,就是再快也要比别人做得好。在不尽如我意时,我会认真总结我的失误和教训。

  我之所以能有今天,是因为我流的血多、流的汗多,还有在某些时候流的泪多。我在与别人争论是非时,有自己的自尊,宁流血不流泪,但在感情上没少流泪,只不过很少有人知道,有时泪流在心里。直到现在看电视剧也好,看到社会上可怜的人也好,我还是会不由自主地泪流满面。所以,我总结我吃苦还债的事,以鼓励那些有困难的人坚强起来,只要坚持下去总会好起来的。

传播正能量

我在搞企业时,诚心聘请了德高望重的原县政府办公室李主任。

李主任是几任县长的办公室主任,有很强的工作能力,在当时他也有升迁的机会,但做办公室主任已成为他的志向。由于工作干得出色,每次政府换届时,新的县长都会重用他。李主任特别重情,但原则性也很强,上能接待高级首长,下能打水扫地,从没有官架子,做事非常细致周到。他在县政府办公室主任的位子上一直干到退休。他刚退下来,我就把他请到我们企业帮我搞管理。一位德高望重又有原则性的县政府办公室主任,到一家小企业办公室当主任,按理说没有任何问题,但他太讲原则了,总想以自身标准要求别人,实在是难。特别是文字性的东西,更难以符合他的要求。于是他把办公室里的几个女孩子送到县里学习文印。功夫不负有心人,在他的影响下,大家工作都干得越来越好。我想,他不愧是萧县100多万人的金点子库,所以每位县长都重用他,退下后又到我们这里发挥余热,献大爱之心。他把老伴也接到我们企业,我给他们准备了一间住房、一间厨房,上班有专门的办公室,他也感到老有所为。每天都快乐地忙碌着。但我有一个难题,就是作为一家企业的负责人,没有文化,有些事得请教他,这样给他添了不少麻烦。但他特别有耐心,对我所提的问题不厌其烦地回答,帮我提高。后来,他和一位年轻的办公室副主任说,我们还真得认真学习呀,庆习有时候问的问题,我们也不知道答案。副主任说,我们叫王总问得也进步了。因为经常学习,就这样越相处越感到很亲近,大家融洽得像一家人。

从此,我有了一位可亲可近的老师,他不光教我学习,在生活上也特别关心我。我每次出差,他都很细心地交代司机一定要注意安全,整个金岗集团,凡是对他了解的人没有不夸他的,都特别尊重他。他正直有情,原则性强,又有灵活性,又有爱心、责任心、善心,像太阳一样照耀着整个金岗集团,特别是我个人感到收获很大。他的正能量传递到整个金岗集团,使我们的企业不断发展壮大。

得理也要饶人

在改革开放前,我们生产队的6位石匠,专门给生产队搞副业,由本队的老许哥带队。他比我大30多岁,有技术,人也好。还有一位比我们5个人辈分都大的西见叔,他比我大两岁。那时候,从县城去西部的路要经过城西陈沟村南边的山坡,路的坡度有点大,县政府要求交通部门必须把路改到下边。这条路大量的土石方工程由陈沟村负责。我们六个人专给公路站开石头,建西山车队的围墙和房子。那时条件太差,到什么地方干活都是搭庵棚。我们刚搭好庵棚安好铺,陈沟村的人没打招呼就放炮了。他们放炮没有经验,不知道把炮口对准什么地方,放炮前要把这个方向的人召唤走远点才能放炮。他们的炮一响,把我们的庵子砸坏了,刚买的一桶油也碰没了,更为重要的是差点把我们的人砸伤了。若不是我们有经验,看炮口对着我们,我们跑得及时,当时就会有两个人没命。天上的石头落完后,我们找他们理论,谁知他们里面有一个年轻人骂着向我们走过来,随后有几十个人也跟着过来,说,把炮药和雷管插你们腔里放了吗?骂得很难听。我看他们实在欺人太甚,就拿了一根开石头用的撬杠大声喊着和他们拼命。这时西见叔看我不怕他们人多,也拿着撬杠和我一起向他们冲去。我们两人大喊,反正不讲理,磕死两个再说,和你们拼了。他们几十个人吓得转头就跑。西见叔说,庆习,我们赶上他们,把前边那个人揍一顿再说。我说,西见叔,他们都吓跑了,我们还赶人干什么?他们不懂放炮,咱们不能得理不让人。西见叔说,他们这么多的人能没有一个人懂吗?我们两人回来了。老许哥说,你们两个胆子太大了,人家这么多的人,你们能打过人家吗?我说,他们是群胆,没有孤胆,再说他们没有理还骂我们,他们理亏。

后来通过协调,我们两村相处得特别好,我们也把放炮的装药方法传给他们,他们每次放炮前都专门派人向我们打好招呼,对以前发生的有惊无险的事从不记在心里,大家成了好朋友。2017年,我和三女儿到徐州市看望西见叔,他还说起此事,并说到什么地方也不能让人欺负。所以我认为得理不强人,得理更要让人,才能让人心服。

封建思想害人

重男轻女一村官,男女平等心却偏。
虽感女儿最孝顺,封建思想仍表现。

1991年,我们工程队在南京中山陵东面修水泥路。有一次,我去工地看工程进度和质量,因我修路特别重视质量,当时该工程有8个单位在施工,大家都想干好。我对工程队队长的要求就四个字,即"实、巧、美、保",诚实守信,巧在技术,美观大方,保证优质。因是大工程,有8个工程队参加,他们大多数都比我们的条件好,但工程质量我们排在前边。

把工程的事安排好后,我到中山陵看孙中山先生的墓时,见到一位近50岁的男同志,在聊天时得知他姓刘,是村支书。由于都是农村的,越聊越投机,他问我,来南京是旅游的吗?我说,顺便,主要是来看工程情况的。我问他,他说是专门来玩的。后来又聊起家长里短。得知刘书记有四个儿子一个女儿,女儿最大,已婚生子,儿子都在上学,小儿子都14岁了,马上上初中了,大儿子马上要高考。我听到后,特别羡慕他,我说,你很重视教育呀。他说,儿子应当叫他们好好上学。听到这里,我心想,他肯定重男轻女,一个女儿不一定让她上学。我问他,大女儿是什么文化,上到大学了吗?事实上我是有意问他女儿有没有上大学。他笑着说,别说上大学啦,连学校门都没进过。由于聊得投机,我也敢和他说点心里话,我说,你怎么能当上书记呀?他说,怎么?你是什么意思?我说,您村里是另一个天下吗?他说,你就直说吧,我不在意。我说,你不抓计划生育吗?他说,哪有村支书不抓计划生育的,但我认为一个家庭没有男孩子就无法传宗接代,我们村凡是没有男孩子的户,如果超生的话,我都睁一只眼,闭一只眼,上级抓得紧了,没办法就给他们透个信,让他们躲躲。我说,中国人如果都像你这样想,都生男孩子,国家就亡了。他笑着说,不论怎么说,从古至今,都说男孩子是家里的传承人,没有说女孩子是传宗接代的。我问他,你现在的女儿对你怎么样?他说,我知道女孩子心细,与父母特别亲,比男孩子孝顺,我的女儿虽然没进过学校门,但经常看她弟弟的书,自学能力特别强,养成了看书的习惯,现在也能做点事。女儿嫁给一位小学老师,两人感情特别好,又生个男孩子快三岁了。女婿虽是民办教师,但经常受到上级的表扬,他们住的地方离我们家才二里地。我说,公把里地,有什么事马上就能帮忙。他说,女儿一家三口每星期都到我家来,我们两口子特别喜欢这个女婿。我开玩笑地说,女儿不该疼你,你等着看,将来儿子都长大了,四房儿媳妇都娶到家时,你更知道女儿好,到时候你就觉得这种重男轻女的思想不对,你就等着看吧。他说我说得有道理。然后两人握着手笑着分开了。我想这位书记绝对干不了什么大事,只能是个老好人,没有创新的本事,是个没有能力的老好人、老坑人,更不能给农民带来更大的收入。因为他的传统观念太强,没有发展眼光,并且求稳,怕出乱子,是个保帽子的农村书记,因此才有开头的四句话,以提醒我们千万不能"重男轻女",要做传播男女平等观念的人,做为社会进步、国家富强作出贡献的有能力的人。

感恩师德

在八九岁的时候,我上小学二年级,但刚开学没多长时间,我爷爷就不让我上学了,说家庭有困难,上学没有什么用。我们家里是爷爷当家,我父亲特别孝顺,从不和我爷爷争论是非,什么都听我爷爷的,那我当然也得听爷爷的,当时就退学了。

学校里的范老师得知我不上学之事,亲自到我们家做我爷爷的工作。爷爷在当地也是个经常给人家主事的人,很有名气。他看到老师亲自到家里找他,他就说了不让我上学的理由,范老师就回去了。没过两天,范老师又来我们家跟我爷爷说,爷爷说等两天再说吧,事实上是给老师面子。过了几天,我找爷爷说我想上学,爷爷说别再想上学了,家里有事干。这时,我就想到学校找范老师,再让范老师和我爷爷说说。谁知还没等我到学校去找范老师,他又第三次来到我们家。这次到我们家和那两次不一样,他直接和我爷爷说,你要不叫这孩子上学,将来后悔就晚了。我教一辈子书了,马上就要退休了,从没见过这样的孩子,聪明的孩子见得多了,像这么懂事的孩子太少了,教室的黑板大部分都是这孩子擦的,特别勤快,成绩又好,将来能做大事,老人家,你得想好呀,别后悔。我爷爷说,家里太穷,再说这孩子在家顶个大人用。范老师说,这样吧,不要您拿书钱了,我给这孩子垫上。我爷爷说,什么时候能还得起呀?范老师说,你只要同意他上学,不用还。即使是这样,爷爷也没让我上学。

从此,范老师的话我记在了心上。我想,虽然范老师没在我身上花钱,但我如果真能上学了,他肯定给我拿书钱。后来,我就在家里当个小大人,什么活只要能做得了,我都干。我常想,要不是我勤快,什么活都能做,仅仅为书钱的事,我肯定能上学。范老师的恩情我没忘,但是由于十多岁就领家过日子,家里条件又差,就没法报恩了。后来长大结婚生子,孩子多,负担重。可我能吃苦,整天忙里忙外,也没少挣钱,日子一天比一天好起来。

就这样时间过去了很久,我始终记得范老师,多次在城里打听范老师的消息,因范老师如果还活着都100多岁了,很多人不清楚过去的事。后来,我的女儿调到县教育局工作,我叫她查一下范老师的档案,她查到了,说范老师退休都六七十年了,家在老街上住。我去住处找他,谁知他家早就搬走了,问了好多人也不知道搬到什么地方去了。我没有别的想法,我只是想知道他下一代的生活条件,我想报恩。我跟女儿说,如果能查出来他的下一代有困难,我就想帮他们一点忙。我女儿说,像范老师这样的家庭,肯定没什么困难。算算时间,范老师的儿子都差不多100岁了,从此,我就不再找了。

这件事我虽没做成,但我不忘初心,总想回报社会,在做人做事上不断成长。我以此事教育子女要有感恩的心,因为感恩心强的人有利于自身成长、成才。更为重要的是,以此事促使人们以感恩心促进社会和谐,过上平安、幸福、快乐的生活。

家人平等幸福多

有一次,我从徐州坐高铁去合肥,在等车时,有两位女士和我坐在一起,在我看来她们就像一对双胞胎,根本看不出来谁大谁小。两人又打又闹,又说又笑,看她们高兴的样子,就像亲姐妹似的。

在等车时,其中一位女士(一号)问另一位女士(二号),你们俩谁先追谁?二号说,当然是他先追我呀!一号说,你看你美的。二号说,你不信就去问问他。一号说,你们俩从没有实话。又问二号,你的情人对你好吗?二号说,好得很,你光问我,你现在谈得如何?一号回答,正热恋呢。接着反过来又问二号,你看我那男朋友怎么样?二号说,我喜欢。一号说,你不能把你的情人叫来让我看看吗?二号说,你可别和你爸说。这时我糊涂了,心想,一号的爸跟二号有什么关系呀。一号说,你还不让我说来,人家的情人比你漂亮得多,人家不止一个,我都见过几个了,他比你找情人的招高明得多,人家才是高手。说着两人又打闹起来,打着笑着,然后一号笑着跑走了。坐我旁边的女士主动和我说,刚才那个女孩是我女儿。我很惊讶地问她,你今年有多大岁数?她说,39岁了,我结婚早,女儿21岁了,在上大学,今年大二了。女儿太好了,是我们俩的开心果,又孝顺,从没让我们生气。我很羡慕地说,看你们一家三口多幸福呀,你们夫妻俩肯定没吵过架吧?她说,那你看错了,我们俩原来个性不一样,经常生气,但一生气,女儿就这头说说,那头说说,有时候把我们说得再大的气也没有了,现在我们也很少吵架,我们的同事没有不夸我女儿的。她现在正谈男朋友,整天说,我得找个会吵架的男朋友,向爸妈学习。她叫她爸注意点,说我的情人漂亮,也跟我说,她爸有几个情人,也漂亮。现在女儿经常在我们俩之间说说他,说说我,我们有七八年没吵过架了。正说着,她女儿回来了,到她跟前就笑着打她妈妈,说,自家的事别说给外人听呀。

接着抱着她妈亲一口,说,这次就原谅你了,不然把你有情人的事告诉我爸,让他训你。接着她女儿又问我,你看我妈漂亮不？我说,你娘俩都漂亮。后来分别时,女孩子和她妈说,看这位老人家人多好,多亲切。

  我想,这一家人多幸福呀,老少平等,女儿又孝顺,又懂礼貌,不像我们农村有些人假正经。如果孩子跟爸妈说点什么开玩笑的话,有的人就看不惯,说什么没老没少的,不懂事,一本正经的样子,没有一点幽默感,更谈不上快乐幸福,认为规规矩矩才是真正的过日子人家,一家人从没有笑脸。这样能算和气吗？更谈不上幸福。我认为,那位女大学生以她的乐观个性,能把十几年经常吵架的爸妈说和,使家庭充满着祥和快乐的氛围,这个聪慧的女儿就是一家人快乐幸福的源泉。我始终认为,家里不是讲理辨是非的地方。任何一个家庭不可能没有矛盾,问题是我们如何以宽容、理解和关爱去化解矛盾。家和万事兴,家庭和谐了,事业就会有发展,社会才能安定、进步。

教育无小事

> 人生天地间，生存当为先。
> 若要求发展，教育是关键。

在1998年经济最困难的时候，我给村里投资80万元新建了一所学校。当时建的教学楼在全市村一级算是最好的。当时东南亚发生金融危机，我公司欠发职工8个月工资，为什么在这极端困难的情况下还花这么多的钱建学校呢？当时学校条件太差，村里又困难，没办法建新学校。在这种情况下，我看到孩子们上学实在太苦了。先是以石头当桌子，后来学校做一些质量很差的小桌子，还有的是孩子们从家里带来的旧桌子、旧板凳。像这样的情况不仅我们村有，而且不少村都有。我当时承诺一定要为村里建一栋高标准的教学楼。但不久就遇到1998年的特殊困难，我想如果我的企业真的办不下去了，我的承诺就成了一句空话，这会使我一辈子也无法做人。所以就想尽一切办法，建成了一栋高标准的教学楼。我当时想，欠的工资我慢慢能还上，因为外边欠我的钱不会全部不给我。如果学校建不成，可能以后就没有机会了。

在建校时，有相当多的人不理解我，认为我都发不出工资了，还做什么好事呀。别人这样想很正常。有一位亲戚为此事问我，表叔，你怎么想的呀？这么困难，为什么还投这么多钱建这么高标准的教学楼呀？我回答说，如果建得差了，即使今后有钱也没办法进行修整，扒了再建是一种浪费，建得好点，虽然欠些账，还可以慢慢还吧。他说我想得太远了。因学校是在村里的一个大荒坑上建的，得先把坑填上，投资太大，得多花好多钱。好心人就跟我说,不能在平地里建吗?我说,咱们村的土地太少了,每人只有亩把地,而且占地还得经上级批准。他说,建学校是公益事业,还能不批吗?我认为他们都是好心,从内心感谢他们,但还是坚持自己的意愿,在荒坑里建学校,所以投资比较大。

新校建好后,我感觉除掉了一大心病。在往新学校搬迁之前,我把全校的教师请到我家,安排了两桌饭。在吃饭前,校长和教师说,庆习表叔把硬件设施都建好了,下面就看我们的了。大家都说一定为许岗子村的孩子们好好干,学校建得这么好,我们教不好,太对不起人了。大家说完了,校长叫我说说。我说,我一生没有正式上过学,这是我最大的遗憾,所以说什么也不能让下一代再读不起书。刚才大家都说我把硬件设施建好了,我个人认为,人是硬件之中最重要的,特别是教师,你们才是搞好教育的关键。人生在世先求生存,由生存到提高生活质量。如要想过上幸福的生活,教育必在先。各级领导都重视教育,人人关心教育,因为教育搞好了,科学才能进步。科学技术是第一生产力,所以说教育无小事。一个国家的穷富要从教育上看,一个国家的富强不能只看经济发展,也要看文明程度。今天在座的,除我们几个陪同的,都是教师,教师是人类灵魂的工程师,我们村今后的发展离不开你们,你们一定要把每一个学生都当作自己的孩子一样关爱,教他们知识,教他们做人。孩子才是我们村的前途和希望,而你们正是希望的播种者。

精明太过反为害

50多年前,我和山东一个村的一位技术很好的木工师傅,在外边的一个村里干活。我干的是石工技术活,给人家建房子,他干的是给人家做门、窗和家具等木工活。他比我大得多,我还没结婚,21岁,他已经50多岁了。在那个年代有自行车的人极少极少,几个村里都很难见到一辆。由于这位木工师傅家庭条件好一些,家里有一辆不算新的自行车。他刚买到家还没用,就把左边的车把和脚踏板全锯掉了,因为他怕别人借车,他不想给,又怕得罪人。他聪明过人,太精了,后来把链子也卸掉了,他是用竹竿捣着往前骑的,他骑得特别快,不比正常车子慢。他先把车子稳住,一甩腿上去了,右手攥着车把,左手攥着竹竿一捣一捣地往前跑,看着特别快,但也吓人。他自己说,除他自己能骑,其他人没有会骑的,从来没有人借他的车子。他很得意地和我说此事,并说,你看,我能得罪人吗?我心想,你把社会上的人全得罪了,特别是你本村的人和亲戚们。你把自己的人格丢了,身上沾染了永远洗不掉的污点,就是死了也得传到下一代:谁谁的老一辈,就这么抠门,这么没有人情味。后来,大家虽然知道他技术很好,但是为了此事,附近村子里很少再有人找他做活。

这个实例说明,人不能太精,精过火就没有人味了。没有人味的人,谁还愿意和他打交道呢?

酒肉朋友不可交

我是2005年从萧县来到合肥的,刚从农村到省城不习惯,不像在农村能到田间、山上和河边看看。我的老家东靠大山,西临大闸河。大闸河总长72.36公里。因我在当地办企业,企业用地就在闸河东畔,此处空气特别好。但来到合肥后,感到心里特别空虚,虽然有时参加安徽大学的活动,但没有什么事干,为了使生活充实,我就参加一些大众锻炼活动,天天去胜利广场和大家一块玩。

有一天,一位退休的老同志和我谈到从人的面相能看出人的性格和命运。我听口音判断他是淮北市里的工作人员,也得知他和我认识的领导很熟。他开始给我相面了,谁知道他有看相的经验,他把我的性格和我的人生历程说得多有相似。他说,你是一个企业的老总、董事长。他还说,王总,你别不信,你可以问问他们,我刚见到你的时候,我就和他们说过了,说你不是一般的人,是一位有修养、有素质、有能力的企业家。我笑笑说,你别把我夸得太好,不然我会有压力。在他的宣传下,大家都叫我王总,也有叫董事长的,还有叫老师的,服装城的女士竟然叫我教授,我很不自然。我笑着跟她说,你叫我王教授,我很难受,我没正式上过学呀。后来她听我说我在安徽大学捐款设助学金,她就问我情况,我把前因后果说给她听,她马上表态也要这样做,并且每年拿出5万元。我心想,一个卖服装的,竟然捐这么多的助学金,太了不起了。在她的影响下,又有几位同志,每人每年捐2万元在安徽大学设助学金。就这样大家成了熟人,像朋友似的。谁知他们处人处事的方式,我真不适应,他们过不了几天就在一块吃喝,经常叫我参加。我说我烟酒不沾,竟然没有一个人相信。后来我也参加了几次,每次我都带点酒先到,把酒放在那里就走了。有的同志认为我自大,但经过时间的检验,他们就信了。

在参加安徽大学的会议时,他们看到我的真实面孔。他们有时候一桌有20多人,说笑不止。就那位每年拿5万元的女士,我跟她说,你这种处友方式早晚得吃大亏。结果人家算计她了,请她吃饭,喝多了,给人家担保借款近200万元,让人家给骗了,几套房子让法院查封了。她老公还说,早认识我就好了。我说,就在认识她不久,我就提醒了她,并发信息跟她说"酒友酒忧酒忽悠"。

离奇的故事

1968年,我在山东草场村给农户建民房,一干就是大半年,农忙时才能回家。那时候给人建房子,管吃且一块钱一天。这一元钱还得交一部分给生产队。因草场村太小,只有几十户人家,再加上干的时间长,大家都认识了。我们村去的五六个人,除一个姓许的以外,就我最年轻。村子里男女老少都叫我小王,他们都喜欢和我聊天。有的一到晚上专到我们的住地玩,因为大家都不见外了,就看谁会瞎扯。有一天晚上,有个姓武的专门找我,要讲个离奇的故事给我听,故事的名字叫"父子同一天出生同一天结婚",即"父子同生同婚"。我说,小武你就大胆地扯吧,看你能扯到什么地方去。他还没讲就自己先笑起来。在那时不叫讲故事,叫"拉大呱"。他说,有两个很富裕的家庭,为了儿女,约好成婚。双方门当户对,也是郎才女貌。在结婚后,过了满月,娘家就接女儿回去住18天,在娘家过的时间也有18天的,也有19天的,再送回来。就在送回来的当天晚上,新媳妇跟她丈夫说,今天我们两人各作一句诗,若对方对不出来,我们就不能同床而眠。因为他们两人都有点文化,男的很乐意,同意妻子的提议,并让妻子先作诗,自己来对。妻子开始作诗,"冰冷水一点二点三点",就作这一句后停下来了,男人在等她作下句,她说就这一句,结果男的怎么想也对不出来。事实上女子也没有正确的下联可对。直到半夜,男的还是对不上,妻子就说,对不上,也不分床了,赶快睡觉吧。谁知男的信守诺言,对不上绝不同床,这样可把妻子难为坏了。丈夫一连三天都想不出如何对,第四天他竟然上吊死在西厢房。妻子恨自己不应该开这个玩笑,心想我们两个这么好的感情,让我一句玩笑给毁了。唉,男人太要强了。人死不能复生,妻子就把他用上好的棺材停在西厢房,并在房子里布满鲜花,每天都到西厢房看一次。男子死后,托生在几千里外的一家很富裕的家庭里。这家小孩生下来就会说话,自己以前经历过的事都记得,这可把这家人吓坏了,特别是他母亲,更不知怎么办为好,但没过一小时,他就和正常婴儿一样了。这家人看这个孩子这么漂亮,特别高兴,他给一家人带来了幸福。孩子七八岁时,就能干大人做的事,特别有能力,人品也好。因为家庭在当地是大户,人长得又好,不少媒婆上门提亲,但不论怎么说,他都不同意,满脑子装着原来的妻子。心想,等到18岁,我一定回老家,现在只想尽力孝敬生我养我的父母。很快18岁了,他和父母说此事,并说您二老不要多想,我回去后见见家里人就回来,我一定会孝敬您二老。这家人很想得开,同意他回去,并且要派人护送。但他说什么也不让送,因为他的心里事只有他自己知道,最后自己一人回去了。回到那个村后,就把前世妻子的情况打听一下,结果没有不夸他前妻的。有人说不知什么原因她的男人就寻死了,她当时已怀上孩子,现在,孩子快要成亲了。她多年都在停她男人的房子周围种花、养花,和死去的男人说话,从来没有人敢欺负他娘俩。她的人缘特别好。现在也没有人知道她男人为什么死了。他打听后,得知自己的孩子今年18岁了,并且看好日子快结婚了。他直接走进自己的家,一进门就看见妻子还是那么年轻漂亮。这时妻子看到自家走进一个很帅的男人,就想阻拦,谁知越看越像自己已死过的男人,心想怎么这么像呀,又想我们两人的事没有第三个人知道。就在她想阻拦他时,男子一下子跪在她面前,看着房前、房后种满了丁香树,房内摆的都是丁香花。他紧紧抓住妻子的两只手对着花的方向看,泪流满面地说,"丁香花百头千头万头",对上了生前没能对上的那句诗。这时妻子认定自己死去的男人托生到人家又找回来了,妻子忙把他拉起来,紧紧地拥抱在一起。他们定下神后,又到房间叙旧,双方的感情始终没变。这时妻子把儿子叫到跟前,把前因后果跟儿子说了个一清二楚。儿子跪向同年龄的父亲,热泪如雨,诉说母亲这些年太不容易了,但从没有说过父亲死的原因。接着妻子说,咱的儿子最近几天就要结婚了,咱俩离别18年,今天我想跟你父子俩说,就和儿子一天,咱先拜个堂吧。儿子说,当然,您二老先拜堂,不然怎么生出我这么大的儿子。就这样,三口之家都高兴得流出热泪。在拜堂前,这位了不起的女人把新婚之夜与丈夫对诗的事给大家讲述一遍。大家听后,才明白其中的缘由,并为他们阴阳两世的真情赞叹不已。今天我想以这个故事来提醒有些人,要从钱眼里跳出来,重新走进以家庭情感为重心的日子里。我认为金钱和物质的满足,永远不能代表精神的充实。只有重情的人才是最幸福的。

利人乐己

1995年,由于煤矿投入生产,村民大多被招入矿上当工人,我就把农民的土地搞集约化经营。我承包他们的土地不是为自己挣钱,而是想让他们在我的企业安心工作,并能挣到比种地还要多几倍的钱。我先后成立了农业公司、林果业公司、养殖公司、特种养殖公司。为了提高各公司的经济效益,搞科学种植、养殖,我聘请了各行各业的高级技术人员,煤矿上也聘请了不少高级工程师。他们大多是退下来的人,有些人还带着老伴,这样就必须有住的地方。于是,我就和聘请的王矿长说,成立一支建筑工程队,让聘请的崔师傅担任队长,许岗子本村选个副队长。有了我们自己的工程队,又有我们自己的砖窑场和石灰石料场,房子建得特别快。由于请的人多,刚开始没有地方住,我们一家人就在围墙上搭个坡棚住,一住就是几年。崔师傅说,老板,我们来你们这几年了,建了这么多的房子,你们一家人还住在坡棚里,我们的心里不好受,你得搬到楼上和我一块住。我说,等方科长和李昭贤科长等几家人都有地方住了,再考虑我们一家人。后来,把食堂隔壁的房子给他们住了,我才搬到楼上和崔师傅一起住。在住坡棚期间,虽然条件艰苦,不方便,但我感到很快乐、幸福,因为他们有的把老伴都带来了,每天说说笑笑为我干事,我感到很幸福。特别感到欣慰的是,作为一个没有文化的农民,我在他们身上学到了不少东西。他们特别尊重我,他们不缺吃喝又有钱花,到我这里来帮我,工资虽不高,但尽心为我干事,他们乐于助人的精神感动了我,影响了我,也提升了我的思想境界。

练手劲

去年夏天,我在中环大厦下面的广场上玩,看见两位老人,老爷子抱着孙子,老太太拿着扇子,他们边走边给孙子扇扇子。

他们走到一棵大树下,把孙子放下,二老找个地方坐下。孙子就在地上捡了一根小木棍,拿着小棍就打奶奶,把奶奶打得高兴地大笑,并和老爷子说,你看这孩子,手还很有劲。孩子看到奶奶没有生气反而夸他,打起来更用力,把奶奶打疼了,奶奶对孙子说,你打爷爷去。孙子真听话,马上回头打爷爷,爷爷也笑着说,这孩子手劲不小,但他也叫孙子去打奶奶。就这样,二老让孙子在自己身上练功了,最后把奶奶打得疼得实在受不了了。她让孙子别打了,但无论她怎么说,孙子仍不停手,直把二老打得叫的叫、躲的躲。我从开始看到最后,因为我长期关心教育事业,看到这样的家庭教孩子,联想到幼教的事,再也看不下去了。我就问两位老人,是家孙还是外孙?孩子几岁啦?老太太说,是家孙,四岁了,上中班了。我说,四岁的孩子个子真高呀!她说,孙子想吃什么,老头子都给他买,小孩子得吃好的,不能缺营养。爷爷听了高兴地笑,因为听到老太婆在夸他。这时,我真的不怕得罪他们了,我说,你们这样教孩子,在家打你们可以,若到外面打人家,能行吗?你们这样做不是给孩子将来造罪吗?老太太说,长大了就知道啥了,懂事了,树大自直。我正好看到路边有棵大树,指着那棵大树说,这棵树这么大了,也不算直,因为下面这几个树枝没有人修呀。接着我又说,他敢打他爸妈吗?老太太说,以前敢,现在不敢了,你说得对,儿媳妇还经常说我们把孩子惯坏了。我说,你们想想呀,你们累得再狠也没有落个好人呀。我又问小孩的爷爷,你孙子吃什么,你就马上去买,你也问儿子要钱吗?老头说,哪能问他们要钱呀,我们两人退休的钱花不完。我说,你把钱都花在孙子身上,看起来,如果孙子把你们打重了或者打伤了,都有钱治疗,因为钱花不了吗?你们这样教孩子,幼儿园的老师都为难,因为孩子会把在家里养成的不好的习惯都带到幼儿园,有可能会打别人家的孩子。后来,两位老人都说,今后还真不能惯这孩子。他的孙子听我跟他爷爷奶奶说话,站在那里一动也不动。我说,你看孩子听得多认真。他们同时说,你看这个爷爷说得多好,今后别再打人了。孙子点点头。

　　回家后,我把这件事记下来,后来也在这方面写过有关家教困扰的文章。溺爱确实要不得。我想前面写的真实事例应该能提醒各位老人,千万不要让孙子娇惯成性,不然将来走进社会肯定要吃大亏,因为社会会用无情的法律教育他们。

溺爱伤害子女心

当今时代,老年人送家孙、外孙上学是生活中的正常事,或者说是大事。有相当一部分老人把孩子送到小学毕业,从幼儿园到小学毕业,9年的时间,实在太长。

我也送过外孙上学,我只送到小学三年级。但在我看来,小孩到二年级就没有必要送了,但由于车辆多,爸妈不放心,我多送了一年。我虽然送孩子上学,但从不帮孩子背书包,都是让他自己背,我只起陪同作用,像我这样送孩子的太少太少了。从外孙上幼儿园小班开始到小学三年级,我都是这样做的。我这样做绝不是偷懒,而是想锻炼孩子的自立能力。但现在送孩子上学帮孩子背书包的老年人太多了,特别是老太太。

几年前的一天,我看见两位老太太背着书包去南门小学。两位老太太看上去年龄都在70岁左右,弯腰驼背地背着书包,但不见孩子跟着,我前后看过后,多远都没有小孩子。不多时,后面跑过来两位同学,一个男同学一个女同学,都在1.5米左右。因为跑得快,差点把前面背书包的其中一位老太太撞倒了,老太太回头一看是自己的孙子,还笑。我心想,如果是别人把她撞成这样,她得说点什么话。看到这样,我就问那个男孩子,你几年级了?他说,五年级,和那个女孩子是同班同学。说完两个孩子又跑到前面打打闹闹、又说又笑。然后又不慌不忙地站在那里,跟在两位老太太后面走。我好奇地问其中一位老太太,大姐,孩子都这么大了,您怎么还能帮他背着书包呀?她说,再背一年,到初中就不背了,他还小,这么重的书包别压得不长个了。我说,他现在也比您老高呀!她说,现在孩子吃得好,长得快。我听此话,感觉太矛盾了,怕书包压得不长个,又说吃得好长得快。又一想,书包根本压不着孩子,因为从幼儿园到小学都是老人背书包,一背就是八九年,这一切都成了习惯。就像冬天的时候,老年人都喜欢给孩子多穿衣服,怕孩子冻着,把孩子当成温室里的花朵。我女儿也是,冬天也会给孩子穿得多一点,我也说她不用给孩子穿得太多。她给孩子戴上帽子,刚出门,我就给他拿掉。我心想,眼睛为什么不怕冷,因为如果给它穿上、戴上,就什么东西都看不见了,长期养成习惯就不怕冷了。小孩子生病大多数都是因为热,这是我的观点。

  为了孩子,大包大揽地替孩子做好事,事实上是剥夺孩子的动手能力。最为重要的是,孩子长大后遇到困难就不知如何解决,从而减少了孩子成人后的幸福指数。溺爱下长大的孩子就像温室里的花草一样,一见阳光就蔫了,开不出鲜艳的花朵,更没有香味。

皮匠来福

"皮匠来福"是100多年前一个真实的故事。这个故事我是从本村的老许大爷那儿听说的。皮匠就是现在修鞋的人。一个皮匠竟然娶大富豪王员外的女儿为妻子,这究竟是为什么呢?是因为他有文化吗?不是。是因为他会武功吗?也不是。要想知道究竟为什么,还得从寻根说起。

寻根。有一天早上,一位叫刘现山的老汉拾荒,在一家大户人家门前看见了一个包裹,走上前一看,里面有一个弃婴,他忙把弃婴抱回家。妻子杜大妮看到后,问他,你怎么刚出去又回来了,还抱着一个包裹,看你笑的,好像抱个金娃娃。刘老汉说,不是金娃娃,是肉娃娃。这时妻子忙上前接过来一看,是一个婴儿,解开包裹发现还是个男孩子。老两口心想,可能是有残疾吧?经过仔细观察,发现是一个健康的孩子。由于老两口成家后,妻子始终没"开怀",因此,两人对这个捡来的男孩子特别疼爱。他们虽然生活贫穷,但人缘特别好,邻居听说他家捡个男孩子,都跑过来看,夸孩子长得漂亮。老两口年近60岁,一辈子常做好事、善事,大家都说这个孩子是因为他两人做的善事多,德行好,老天爷赐给他们的。刘现山给孩子起名"来福"。自从捡到来福,邻居们经常给他家送东西,特别是有小孩子的人家,他们把小孩的衣服送给来福穿,这样解决了刘现山不少困难。来福一天天长大,聪明可爱,看到大人干什么,他都跟着学。老两口很洁净,家虽穷,但收拾得特别干净整齐,待人处事有礼有节。如果家门口来个要饭的,哪怕自己少吃点也得给人家。他们的这些好习惯和善良的行为,在来福幼小的心里扎根生长。

来福好奇。一家三口快乐幸福。来福看同龄小孩的娘这么年轻,他好奇地问娘原因,杜大妮如实地告诉了来福的身世。来福看到娘边说边哭,就一边劝娘,一边给娘擦眼泪。来福从小就坚强,很少见他哭。有一次从屋里向外跑,不小心摔倒了,把脸和腿都碰破了,流了很多血,父母疼得乖乖儿地叫他,他却一声都没哭。自从娘说出身世后,来福更感到养他的父母太不容易,为了分担父母之忧,家里只要是他能干的活都帮着干。孩子虽然小,但什么都懂,对邻居又有礼貌,和邻居小朋友玩总是让着人家,庄上的人都叫他小大人,老两口心里真是太高兴了。

养父离世。来福刚过5岁,父亲因病无钱治疗离开人世,撇下家里一老一小,60多岁的老娘带着一个不满6岁的孩子生活,实在困难。但杜大妮心想,无论多么困难也得把这个孩子拉扯大。谁知天不遂人意,杜大妮由于太过操劳,最后累病了。她想如果我不能好,今后谁来照顾这孩子呀,由此产生了把来福送人的想法。但看到孩子这么小又不忍心。后来想,这孩子是不是命毒,生身父母是不是被他克死的?怎么我男人从来不生病,来福一到我们家,几年的时间他就死了呢?

来福算命。在离她家很远的地方,有一位叫毛严东的盲人算命先生。杜大妮就想带着来福去算命,看看是不是命毒克人。毛先生为人好,算命又准,不少外地人都到他家里算命。杜大妮来到毛先生住的村庄,别人把她带到毛先生家里。她看见一位戴着礼帽穿大褂的大个子男人,走路不像是瞎子。经带她去的人一介绍,才得知他就是众人认可的毛先生。她把来意说给先生听,先生让孩子到他跟前。先生摸摸来福的脸,又摸摸头,后又抓住他的小手问,你多大啦?孩子说,5岁多了。先生慢声细语地说,这孩子命苦呀。来福回答,是的,我是我爹捡来的。杜大妮怕影响毛先生算命,就对来福说,大人说话小孩子别插嘴。她问先生,光听说不见人也能算准吗?先生说能。她就让来福去和先生弟弟的孩子一块玩。毛先生家有4口人,弟弟和弟媳妇,还有一个4岁的侄子。来福不怕生人,他和小男孩玩得很高兴。先生跟杜大妮说,这孩子命太苦了,你们家可能出事了吧。杜大妮说,是的,我家男人死了,不知道是不是来福命毒克的呀?先生说,他命苦,但命不毒,不克人,可是你年龄大了。孩子现在才5岁多,你不一定能把他拉扯成人,这孩子虽然是无根棵的人,但他后来的结果肯定很好,我算这孩子10年左右能得到贵人相助。他聪明又懂事,听你说他从不怕苦,你如能把他拉扯大,你们娘俩就有后福呀,还可能给别人带来幸福。我们家不算好,若有条件,我都想帮帮你们娘俩。今天天色已晚,你们住得那么远,老的老小的小,就在我们家过一宿吧。杜大妮心想,毛先生的为人真是像外面传的那样好。杜大妮把算命的钱拿给先生,毛先生说什么也不要。杜大妮说,住您家就不说了,但您是靠着算命挣钱的。最终先生还是不愿意收钱。毛先生的弟弟叫毛严水,弟媳叫邓兰英,孩子叫小马,由于来福懂事,什么都让着兰英的孩子,他夫妻俩特别喜欢来福。第二天临走时,杜大妮磕头拜谢先生时,小小的来福也跪在地上给先生磕头,起来后又跑到毛严水夫妻两人面前磕头,又拉着比他小一岁多的小弟弟说,你什么时候到俺家玩呀?小马说,你别走了。仅仅一天多的时间,两个孩子分手时竟然都哭了。

杜大妮的心病没了。杜大妮回去时一路在想,什么时候才能熬过这10来年呀?由于来回走这么远的路,到家后累病了。杜大妮心想,要不是来福懂事,不让自己背着,这回真就把我累倒在半路上了。来福看到老娘病了,就去找邻居帮忙给母亲找先生看病。杜大妮看在眼里急在心里,强打精神跟来福说,娘好了,你别怕。但杜大妮的身体渐渐地弱了,她想,我不能硬等着,别毁了孩子,她想起算命先生的话,说她不一定能把孩子拉扯大,想了几天,她决定找一家好人把来福送出去。又一想不如把来福交给毛先生当儿子,如若先生不同意就叫来福认他作师傅跟他学算命,就是求他,也要办成此事。她真心认为毛先生是个好人,会把来福拉扯大。她想,要抓紧时间,等病倒了就晚了,到时候就难为孩子了。她知道来福聪明,这事不能瞒着他,就把想法和来福说明。谁知来福死活也不愿意,要守着老娘过,死也和娘死一块。这可把杜大妮难住了,她好说歹劝,你在人家,还有小孩子和你一块玩,人家大人又喜欢你,我要好了会常去看你。来福想了想认为老娘说得有理,就同意了。第二天,杜大妮就带着来福又去了毛先生的家,见到毛先生后,毛先生问,家里又出事了吗?杜大妮说,没有,但有一事求先生。然后就把回去累病后的想法说给先生听。先生听了很同情,他把弟弟和弟媳找来商量。弟弟和弟媳说,哥哥一直对我们这么好,一切听大哥的。毛先生的眼是在十八九岁救人时被树枝捣瞎的,一辈子单身,先生再三考虑杜大妮的困难,就同意了。他给杜大妮说,我不收来福为儿子,收他为徒弟吧。杜大妮的心病去掉了,临走又一次磕头拜谢先生。先生叫弟媳拿点钱给她,杜大妮说什么也不要。来福看到老娘要走,抓住老娘的手大哭大闹要一起回去,这一幕感动了先生一家,四人也哭得特别伤心。毛先生对杜大妮说,你的身体还没好,孩子懂事离不开你,你就在我们家里待一段时间,等孩子的心平静下来,你再走。邓兰英说,大姐,你看孩子多可怜呀,你就在我们家多待几天陪陪孩子吧。这样杜大妮就暂时留下了。晚上睡觉时,她把来福搂在怀里说,我的好孩子,你平时这么听话,怎么现在不听娘的话了呀?你以前把脸和腿摔伤了都没哭,这次怎么这么好哭呀？来福说，娘，我知道您太不容易了，我长大疼您。娘俩说着又哭了起来。一夜间，杜大妮把来福劝好了。第二天，杜大妮与先生一家道了别，来福满脸泪水地送走了老娘。

当了先生的带路人。由于来福聪明又能吃苦，一家人从没把他当收养的孩子看待，特别是邓兰英，对来福比自己亲生的孩子还好。在先生看来，来福的到来不仅没有给他们家添麻烦，反而家里的收入比以前增加了。因为过去都是弟弟干完家里的事，才能带哥哥出去帮人算命挣钱，自从来福到先生家，都是来福带着先生出去给人算命挣钱。逢集市时到老摊位，不逢集时就带先生走村串户。有一次，来福对师傅说，师傅，咱走远点，我想顺便看看老娘。师傅心想，孩子真懂事，就和他一块去了。师傅还带点钱去给杜大妮。娘俩见面后，眼含泪水，放声大哭一场。先生把钱给杜大妮，她又推辞，先生很生气地说，孩子没有给我们毛家增加负担，反而还帮我们挣钱，这是你儿子挣的钱。杜大妮接过钱，再也控制不住，抱着儿子又哭了起来。杜大妮知道先生为人好，对孩子也放心，她热情地招待毛先生。邻居得知出名的算命先生来到了庄上，大家都跑去找他算命。先生想借机帮杜大妮结个人缘，有利于以后邻居相处，于是算命不收钱。大家不同意，还都争着要管先生饭，先生象征性地收点钱，又都留给了杜大妮。在老家过了几天才回来，来福很高兴。又过了一段时间，先生说，再去看看你老娘吧。来福心想，师傅真会算呀，又算到我心里了。先生如上次一样带点钱给杜大妮。这次比上次算命的人更多，因为大家知道他算得准，一传十，十传百，周围庄上都知道了，这次又多过了好多天，挣的钱也都留给了杜大妮。

杜大妮外出。杜大妮是一个心眼很细的人。她怕儿子跟先生不亲，心想人家对儿子这么好了，不能让儿子为我分心，于是想着让儿子永远找不到她，就离家出走了。杜大妮人缘好，天天都有人到她家里玩，邻居再去她家不见人，都认为她身体不太好，跟儿子过去了。没过多长时间，来福高兴地带着先生来到老家，却不见人。大家知道先生来了，又都跑来看先生和来福。先生以为是找他算命的，但大家却问来福，你娘怎么没来呀，在你们那过了吗？他们这一问，把先生和来福问糊涂了。听邻居说后才知，自从上次先生和来福走后，杜大妮就离家出走了。这时，有一个老太婆说话了，她说，我知道了，怪不得前段时间杜大妮说咱姐妹以后不能经常见面了。我不能再给毛先生和儿子添麻烦了，他们经常来看我，儿子将来别跟人家不亲，要走就走得远远的，让儿子找不着。再说，人老了，死在什么地方都一样，死了还知道啥呀。

我当时以为她是说着玩的,现在想想她说的话,肯定是走远了。这时来福拉着老太婆的手说,这怎么办呀?说着大哭起来,哭得大家没有不掉泪的。大家都说,先生不是会算命吗?你算算她能到什么地方去呀?先生说,大家都回去吧,大家放心,像杜大妮这样的好人,不论走到什么地方都没事,她走得再远,她的心还是在来福身上,还有你们这些乡邻,她不会忘的。说着大家都走了。

师傅的过去。 来福带着先生回家了。先生回来后很难过,把自己以前的不幸说给来福听。他说,父母死得早,我是老大,弟弟比我小两岁。当老大就得学会吃亏,带着弟弟也苦过,但总算熬过来了,后来给弟弟娶了媳妇。当时我们庄东头有棵大树,有一个十多岁的孩子爬上去,不小心掉下来时,我把他接住了,孩子吓一下子,没受任何伤。但由于我去接孩子跑得快,眼睛被树枝扎成重伤,从此就什么也看不见了。人家为了报恩要花钱给我治,还让人天天陪着我。我知道无论花多少钱都治不好,就出去躲了。后来,我成了盲人,为了生存才学会了算命。直到现在,这孩子的家人对我还是不忘旧恩。但我从不认为是为了人家把眼搞瞎了,这是命运。先生经常教导来福,见人家有难处一定要帮助,又说他一生连只蚂蚁都没害过,教育来福千万不要伤害动物,动物也有生命。他说,有一次到外边干点事,因看不见,一只蜜蜂在我耳边嗡的一声,我马上停下了。这时有个人把我拉着说,可吓死我了,你再往前走一步必死。他问我,你能看见吗?我说,看不见。他说,前边是个断崖,我怕喊你吓着你,看你停了才放心。先生说,要不是有只蜜蜂在我耳边大叫一声让我停下来,我就死定了。来福听得很认真,觉得先生说得有道理,无论什么东西,说不定啥时候都有用。

来福12岁了。有一次发大水,从上源冲下来一个人被来福看见了,他就拿一根竹竿伸到那个人手里,那人在水里用力挣扎,差点把来福给拉下了水。后来来福跟着水跑,把人救了上来,又把那人扶到家里换了衣服。然后又回到洪水那里,发现有许多冒沫的草团子,他用竹竿拨到岸边一看,上边有数不清的蚂蚁和蜜蜂,还有其他的小动物,他顺便救了它们。小动物身上晾干后就离开了,只有蜜蜂在周围乱飞不走,围着草团子留恋不舍。来福好奇地扒开草团子一看,有一只特别大的蜜蜂身上没干,飞不起来,他把它拿在手上用嘴吹干。后来,它围着来福飞了几圈后就飞走了,这些数不清的蜜蜂也跟着它飞走了。这时,他想起这可能就是大家常说的"老蜂王"。来福心想,连小小的动物都有领头的,有规矩,有感恩心,那么人不更应有感恩心吗?从此记住了长大要感恩。

来福当鞋匠。来福聪明又勤快,家里的活没有他不会干的。由于毛先生一家人都是心地善良的人,来福受此影响,也处处为他人着想。有一次,师傅在家不小心把腰摔伤了,好长时间不能出去算命挣钱,有的人找到家里来算。来福怕给师傅添麻烦,说了心里话,说不想学算命,想学掌鞋,做个修鞋的皮匠。师傅说,可以,人去做感兴趣的事才能做好,我们逢集摆摊时,坐在对面的那个皮匠,我跟他说说,你认他做师傅。来福说不用学,我天天看,学会了。师傅心想,你肯定看人家的生意好能挣钱,早就入心了。来福说,我先把咱们家的旧鞋子修一下,你看看,再到集市去。毛先生把弟弟和弟媳叫来商量后,同意来福做皮匠。毛先生让弟媳拿点钱给来福做本,又安排弟弟买工具。来福说,不用麻烦叔叔了,我自己会买。他买来工具后把家里所有的旧鞋子修了一遍,大家一看,说,怎么一天没学,咋修得这么好。毛先生听说好,拿着修好的鞋子摸一摸,感觉就是好。从此,来福走上了修鞋之路。来福不光修旧鞋,做新鞋又快又好,这一来把老皮匠顶得没有多少生意了。来福想,我得换一个集市,不然人家一大家子怎么吃饭。他又到另一个没有修鞋的集市给人家修鞋。来福修鞋时,看到鞋烂得厉害的就少收钱,他认为那些人肯定是穷人。有时候见是老年人也不收钱。他从12岁修鞋,从未因修得不好和价格问题与人发生矛盾,他还经常帮别人看东西,大家都夸他。他和师傅一样讲卫生,虽然修鞋是个脏活,但只要下集回家,马上就换了衣服,收拾得干干净净。由于个子高,长得帅,看上去倒像个文人。

来福走运。有一天下集换好衣服后,他走在另一条大街上,见好多人围在一起,上去一看,是一份招亲告示。告示写的是王员外专为女儿招亲之事。王员外女儿叫王文珍,是个才女,能写一百个梅花篆字,谁若能认全,王员外就把女儿嫁给谁。告示已贴出数日,来了不少的文人雅士,竟没有一个能认全的。来福好奇地看了又看,心想这么多人都认不全,能没有王文珍有才吗?他正看得入神,来了一个人,问他,你看了这么长时间,能认全吗?他说,一字不识。这人忙说,你在这别走好吗?来福点点头。这人忙跑回府里给王员外报告,老爷,几天没看见有这样的人,看了好长时间,太认真了。老爷问,能认全吗?用人说,人家说了,就有一个字不认识。老爷心想,既然看了这么长时间,有一个字不认识,有可能是女儿写错了。他让用人把此人叫来,又一想,不能为选女婿让人随便进入府门,还是自己亲自看看长相,再把他请进府吧。王员外随用人来到集上,很远就看到一位高高的男子汉。王员外来到来福面前，很有礼貌地把来福请进府。他在行走中打量来福的一举一动，见来福没有半点拘束，大大方方地进了府门。王员外看来福的形象，心想，他的文才高不说，家世也不能差了。王员外把来福请进书房后，出去找女儿，高兴地说，父亲终于给你找到心上人了。女儿问父亲，人漂亮吗？父亲说，你见了就知道了，千里难挑之美。女儿说，赶快带我去见呀。父亲带着女儿到书房。刚进门，文珍一看到这位男士，心想，外人称自己为美才女，但看到他才感到自己的美尚有不足。在那个年代，女子没有父母的同意，是不准和陌生男人说话的，于是文珍只好面带笑容，用眼睛和男士传情。来福虽然没有上过学，但在毛先生的教育下，行为举止彬彬有礼，来福很自然大方地向文珍施礼。他心想，我又不是来相亲的，只是好奇。王文珍的父亲说，女儿，你母亲去世得早，你的事应由母亲做主，现在我只好听听你自己的意见了。文珍表示想单独和他说说话，父亲答应了。文珍请来福坐下来，并给他倒上一杯茶，两人慢慢聊了起来。谈诗词文章时，来福只是点头，谈家事民俗时，来福有见识但也很少说话，一切行为表现得文静儒雅。文珍心想，这位男士胸有大志，文雅大度，真是不可多得。她不敢多问，心想"人外有人，山外有山"，别让人说自己浅薄。她向来福行礼离开，找到父亲说，母亲不在，你让我自己做主，我同意这门亲事，父亲应尽早筹备提亲之事，免得夜长梦多。

果断的王员外。王员外明白了女儿的心意。他想妻子离世后，女儿至今未嫁，作为父亲是对女儿有些亏欠。他立即把亲朋好友和管家召集到一块，商量女儿的婚事。大家到齐后，他动情地说，自从夫人死后，女儿的婚姻大事也耽搁了，女儿现在已由自己招亲选好了意中人，今天把大家召集在一块，商量如何把女儿婚事办得体面、喜庆。大家七嘴八舌，意见不一。最后王员外说，就让女儿自己做主吧。文珍一语定音，从速从简，节约成婚。

知晓皮匠身份。父亲心想，因为母亲早逝，我又很少过问她的事，再加上要求高，耽误了女儿，现在女儿对这位男子这么满意，什么都听女儿的。于是他找来几个能人准备操办婚事，正在和他们说如何把事办得让女儿高兴时，外边跑来了一个人，慌张得上气不接下气，没等王员外问他，他说，老爷，不好了，您老招的女婿是集市上修鞋的皮匠，我刚听说就跑来给您报信。王员外心想，一个皮匠怎么能有这样的形象和能力呢？那人说，千真万确，外边传遍了，说"皮匠走运"。王员外赶紧把女儿找来说清此事。女儿听说后，心里想道，怪不得我谈文章方面的事，他光点头不说话。他不可能是一个修鞋的皮匠，凭他的言行举止和社会阅历，我十分信服。通过接触，我从内心已喜欢上他了,难道这就是缘分?于是,文珍跟父亲说,别着急,让我再和他接触一次。父亲让人把来福请来,来福没等她说话,抢先说,让你失望了吧?文珍心想,这个人会算命看相吗?文珍说,你怎么这样说呀?来福说,你内心的想法写在你的面容上。来福也不再隐瞒,把前前后后发生的一切简单明了地说给文珍听。又说,我做事从不让别人为难。说完起身就要走。文珍站在门旁,他不好过去,又不能拉她,来福说,你我相识是天意,但我不适合你们的大家庭,请你三思。文珍听罢心里想,这是一位有胆识的人,更为重要的是他诚实大度,我选婿绝不能只凭文才和家世。我选的是我自己一生的伴侣呀!主意拿定,文珍说,什么都不要说了,你先别走,我也相信天意,我相信父亲会同意我的想法的。文珍虽然有自己的主见,但如何才能说服父亲呢?她见到父亲说明心意,把看上来福的理由分析给父亲听。这下把父亲难住了,父亲虽然疼爱女儿,也承认招亲诺言,但像自己这样的家庭怎么能招一个皮匠为婿呢?他越想越怪自己,为了女儿,太冲动了,没有问清身份来历。由于怕丢人,他坚持让来福走,悔了这门亲事。但女儿说什么也不同意,父女俩闹起了矛盾。最后,女儿说,你若把来福赶走,我也要声明自己是来福的妻子,不要王家一分钱,不然以死了结。她的决心把父亲吓坏了,父亲知道女儿的性格,怕出意外,就说,我再想想吧,先不让他走。文珍想,父亲只要给我时间就好办,如果能和来福结为夫妻,一分钱彩礼不要,白手起家也能建立自己的小家庭。

王员外生奇智。在王员外心里,无论如何也不想把女儿嫁给一个臭皮匠。他跟女儿说,外边不都在传皮匠走运吗?我出个点子,他如果能做到,就算走运,你们才能成家。女儿想,你出什么点子,我就给你破什么点子。王员外让用人拉来一车沙土,又拉来一车芝麻掺在一块,让来福一夜把两样东西分开,如若能做到就同意他们成婚。文珍想,这样的事谁能做到,父亲是下决心不想让我们成亲。她竟然和父亲大闹起来,吵到最后,文珍让步了。来福心想,我并不想娶你女儿,你们怎么自寻烦恼呢。到了晚上,来福睡得很香,他梦见蚂蚁大王,说恩人别怕,我们报恩来了。到天明一看,芝麻和沙土都分好了。来福心想,梦中的蚂蚁难道是上次发洪水救的?这下子大家可惊呆了,都说来福将来肯定命大福大。王员外心想,这是什么鬼神在帮助他呀。没有办法难住来福,只好跟女儿说,我们家这么多漂亮的丫环仆女,给他找一个不就对得起他了吗?女儿说,你这样做对得起我吗?人家没有此心,是我现在喜欢上人家了。父亲说,这样吧,明天用八顶大轿抬八位姑娘,你坐最后一顶,他如果能拦住你的轿子,就同意你们结婚,若拦其他人,你就把她忘了吧。女儿心想,不论你出什么歪点子,我心已定,我就是他的人。晚上来福刚睡着,又梦见一只蜜蜂对他说,恩人别怕,我们来报恩了,我只要在你耳边叫,你就把轿子拦下。这时他又想起以前救蜂王的事情。第二天,八顶大轿抬着八位姑娘从来福身边走过,员外让他拦轿子,拦着谁就把谁嫁给他。八位姑娘个个都希望被他拦住,因为来福的事在府里已传开了,都认为他是个人才,又漂亮。文珍按照父亲的安排坐在最后,她特别镇静,心想,是我的谁也争不走,她相信自己的眼光。一连走过了七顶轿子,来福都没有拦,在他的心里,八顶轿子都不想拦,但梦难圆呀。这时只剩下最后一顶轿子了,刚抬到他面前,耳边的蜜蜂叫了四声,他把轿子拦下了。文珍急忙从轿子里走出来,也不讲什么礼仪程序,拉住来福的手走到父亲面前,两人跪下就给父亲磕头。文珍有才有智,她怕父亲反悔,才在大众面前做此举动,父亲只好同意了。同时按照女儿的想法,简单举行了一场特殊的婚礼,结束了父亲与女儿的争执。父亲也改变了想法,从此对他们疼爱有加。

文珍当老师。婚后,文珍下决心教来福学文化。她教来福读书写字,学四书五经。来福本是个文盲,现在有了高水平的老师,他像吃书一样,孜孜不倦,记忆力又特别强,过目不忘,写字更有功夫,好像天生就会似的。一年的时间,就打下了良好的基础。第二年,他竟然超过了文珍。王员外看在眼里,喜在心里,心想女儿的眼光真好,自己差点毁了女儿的幸福。为了弥补自己的过错,王员外更加看重来福。

来福考上状元。看到来福的进步,文珍认为他有天赋,决心支持他进京赶考。她跟来福说了自己的想法,来福说,宁愿守你一辈子,也不想升官发财。他的想法更感动了妻子。但文珍还是说服了他去赶考。不出意料,来福竟然考取了状元。皇上面试时,他对答如流,致使龙颜大悦。回家后,他和文珍说了假话,说没有考取。文珍说,我相信我的眼光和判断,你说假话。来福说,你怎么能不信我呀。文珍用来福的话回答他,事情都写在你的面容上。他们两人相视大笑。来福把实情告诉妻子,并说皇上面试时很看重他,希望他为朝廷效力。两人考虑一下,最终还是听从朝廷的安排。

双喜临门。真是喜事成双,不久他们生下了龙凤胎。这可把王员外喜坏了。来福跟妻子说,让岳父大人给孩子起个名字。民间都说爷爷奶奶给孙子起名是应当的。文珍和父亲一说,父亲说,我早想好了,男孩叫金龙,女孩叫金凤。文珍心想,父亲怎么和我想的一样呀。她问来福,你喜欢吗?来福笑笑,没有回答。妻子知道男人的心思,说,我们两人什么话不能说呀。来福说,龙将来不一定成龙,凤也不一定成凤。她说,夫君,你直说吧。来福说,男孩叫立志,只有立志才能立身立业;女孩叫文慧,女孩子只有文淑慧贤,才能家和,才能兴业。文珍说,我和父亲都听你的,我去和父亲说,他肯定同意这名字。文珍和父亲说后,父亲说,来福起的名字比我的好,有深意。

来福寻母。俗话说,当家才知柴米贵,养儿方晓报娘恩。来福早就想去找母亲,但不知到哪里去找。因为他听邻居说,娘要离家走得很远,不知去向,再加上还得给师傅带路,抽不出时间。现在条件好了,不能忘了养他的娘。他把想法和妻子一说,妻子说,我也想过了,即使停下家里一切事务,也得帮你找到母亲。妻子把找娘的计划和打听来的路线图给了来福,来福这才知道妻子为了让自己找娘费了不少心思。文珍想把孩子交给家人,要和来福一块找娘。来福不同意,说,两个孩子这么小,交给家人,我们在外边也不放心。文珍把准备好的一切让来福带上,来福就踏上了寻娘的艰辛路。他根据文珍打探的方向,边找边问,找了半年,跑了无数村庄,也没找到。来福在外特别节俭,妻子给他带的钱一分没花,他还挣了不少钱,因为他会修鞋。离开家前,他先到师傅家里看望他们一家人,同时把自己的想法跟师傅和叔婶说清。他们说我们早就知道了,一家人都为你高兴。来福说,我把修鞋工具带上,不论到了什么地方,我以修鞋的名义打听娘的消息方便些,师傅也同意他的想法。就这样,来福边修鞋挣钱边找娘。他不断扩大寻找范围,又找了两个月还是没有音信。他又想了个办法,写了很多的寻人启事,走到哪里散到哪里,但还是没有消息。来福暗下决心,不论找到什么时候,都要找到娘。即使母亲不在了,也得打听到音信。他6岁和娘分手,现在都24岁了,娘现在应该近90岁了,当时她身体不好,现在也可能已经不在人世了。这时他想起了妻子和孩子,出来这么久,家里也不知道我的情况,妻子会急成啥样。但他找娘的决心没有变。他忽然想起小时候母亲跟他说过什么地方的年景好,那里的水土养人,来福好像知道她在哪里了。他去了娘说的方向,一路问一路修鞋。他想不能光去大集市,也得到偏僻的小地方去找找,娘当时说要走得远远的让我找不着。他来到一个小集市,刚把修鞋的工具拿出来,就来了一位近50岁的男子,手里拿着一双尖脚鞋,说,你看这双鞋还能修好不?来福接过来说,能修好,你太会过日子了。这位男子说,哪是我会过日子,是我老娘。来福问他老娘高寿,他说再过一年就90岁了。来福问他老娘身体如何,他说,刚来时不好,现在年龄大了反而好了,这么大的年纪还闲不住,我们大人孩子都心疼她,不让她干活,但老娘勤快惯了,自从来到我们家,庄上的人没有不夸她老人家的。来福一听,有点沉不住气了,他问,你老娘是怎么回事?把我说糊涂了。他说,我老娘是从外地来的,我和妻子看老人家好,10年前认她为娘,但我们全家从不觉得是认的,跟亲的一样。这时来福的心里认为那人可能就是他娘。来福看他说得这么好,怕明说了不好,就说,你老娘这么会过日子,我也感动了,把你家的旧鞋全找出来,我到你家修,我刚到这边还没有地方吃饭呢,权当你帮我,在你家住几天,如果生意好,我会多给您点钱。修鞋的人叫李小宝,是出名的好人,他当时就同意了,说,我娘就喜欢行好事,说着就把来福带回家了。刚进门,来福就看见有个老太太在干活,样子很像老娘,他再也控制不住自己,把随身带的东西一丢,抓住老娘的手,哭得像个孩子。杜大妮虽然是近90岁的人了,但耳不聋眼不花,她仔细一看原来是儿子,忙把儿子揽在怀里,也哭得特别伤心。分离十几年的母子终于团聚了。杜大妮这才把前后发生的事向李小宝和儿媳说个明白。小宝和媳妇对老娘十分孝敬,问来福咋回事。来福这才把离别后的事说给老娘和现在的哥嫂听,老娘听了好像不信似的。来福忙给哥嫂磕头,感谢他们收留了老娘,老娘听说来福的事后特别高兴,又对毛先生一家人问长问短。来福给哥嫂一些钱,他们怎么也不要。来福说,我先回去,等娘想好了,你们同意了,我再来接娘回去。来福找娘,时近一年,终于如愿以偿。由于离家太远,来福竟然走了两个多月才回到家。

来福归来。来福在外奔波一年,折腾得疲乏瘦弱。到家后见到妻子,两人抱头大哭,好久才静下心来。妻子问婆婆的情况,来福把情况一一说清。妻子说,太好了,我没想到婆婆还这么好。婆婆年龄大了,咱们马上去把婆婆接回来。来福说,等老娘静下心来,想好后,咱再去接吧。文珍说,这么远,我们咋能知道娘的想法。来福说,我在他们当地找了一位跑马送信的人,给了他一些钱,让他常去娘那里了解情况,一旦娘愿意,跑马送信的人就来报信。妻子说,你哪来的钱呀?他把钱拿出来,说还没用完,妻子不解其意。他把放在外边的修鞋工具拿来说,就用它挣钱。我自从出去之后没闲着,边找娘边修鞋,挣了不少钱,还方便打听娘的消息,如果不是我会修鞋,还不一定能找着娘呀。来福把找娘的艰辛说给妻子听了,妻子又一次抱着丈夫哭了。她摸着来福的脸说,你是个大孝子,你太能吃苦了。来福说,我是苦水泡大的,没觉得苦。我正是因为吃的苦多,老天爷才送给我这么好的妻子,你们家这么富有,你又贤慧又漂亮。这一年为我受了这么多的苦,瘦了那么多,值得吗?文珍批评他说,你变了吧,为了嫁给你,我与父亲闹得这么狠,我都不后悔。

你一年不在家,在外吃了这么大的苦,我能不心疼吗?好在婆婆找到了,婆婆身体还好,这一切苦和难都过去了。你准备一下去上任吧,为了你,皇上专门派人来我们家几次,不能再耽搁了。你已尽了孝,该为国家尽忠了。

皇上爱才。来福考上状元,皇上亲自面试后,他把来福的试卷调出来亲阅,了解了他的出身和经历。他问大臣们,来福为何长时间不到任?大臣们忙派人到地方调查,方得知来福的情况,急忙禀告给皇上。皇上更加欣赏来福,万事孝为先,放下高官寻母,这才是孝子忠臣呀。为此,皇上派人专门关注此事,规定两个月不来报到,就安排专人到来福家了解情况,直至来福找到娘后才算结束。来福任职后,皇上感其孝心,恩准从寻母之日起发给俸禄。来福不愿意接受,说我没给国家出力,不应享有俸禄,最后因皇上不允,只得接受。

来福借机辞官。来福进朝上任后,皇上知道来福为了寻母,在民间走访了一年的时间,召来福了解民情民意。来福虽然第一次拜见皇上,但礼节周全,大方有度,谈吐文雅,把民情民意说得有理有据。皇上对来福的上奏特别满意,说,朕今天听你的奏本,就像朕亲自到民间走了一趟。这些问题,你有什么好办法来解决?来福说,臣没有。皇上笑着说,你肯定有,怕说错了朕怪你。朕今天问的是国家大事,说错了朕不怪你。来福说,现在民间灾情严重,老百姓生活艰难,朝廷要动员大户人家捐钱捐粮,帮助贫穷人度过灾荒,对做得好的大户给予减免赋税政策。皇上看来福一心想着百姓,心里非常高兴。他要赏赐来福,来福说什么也不要。皇上说,这是你应得的。来福怕犯上,说,那就算我救济贫苦百姓吧。接着来福马上又跪拜皇上,说有事请求皇上开恩。皇上让他起来回话。来福说,请皇上恩准,我才能起来。皇上答应了。来福说,我在朝中任职一年,不要俸禄,这是为了报答皇上对我的恩宠,一年到了我想辞官回家种地。皇上问为什么,他说,我的出身,皇上都知道我想回去寻根,找到我的生身母亲。皇上说,你是个孝子。不用你找了,朕下令让知情者上报,再派一些人手下去查访。来福说,皇上,我不是违令,我认为作为儿子,自己的母亲让别人代找是最大的不孝,孝不是用嘴说的,尽心尽力才能算真孝。皇上恩准了他的请求,又问他还有什么要求,来福说,我能有今天是我妻子的功劳,从感情上说我欠她太多,我想在家种地多陪她,减轻一点她的劳累。同时,我在家也能为国家做事。皇上问,你在家怎么能为国家做事呀?来福说,皇上亲民、爱民,我在家最接近老百姓,可以把民情民意、百姓疾苦写成本奏上,更有利于皇上为民谋福利。皇上说,太好了,准你之意,封你为民间巡事钦差,享受俸禄。来福不敢不接受,他说,皇上不必封官,带着官位查不出实情。俸禄就用于救济灾民吧。皇上下旨恩准来福回家寻根。

来福寻根。来福回到家后,把实事和妻子一说,妻子特别感动,认为丈夫放弃高官不做,一心想着妻子和老人,还要寻根报恩,真是有情有义的男人。在家刚过几天,妻子催来福上路,她把准备好的东西和银钱让丈夫带上,很认真地跟他说,这次不准再带修鞋的工具,我怕你太辛苦。来福早就想好了,不能再按老路走,因为他的亲生父母不会有多远。妻子把两个孩子叫来,来福一手抱一个,久久不想放开。两个孩子亲着父亲的脸也不想下来。这次寻亲,来福早有计划,他不在附近找。他从离家二百多里的地方开始,把准备好的寻人启事贴在集市最醒目的地方,只要有人看,他就上前问询。来福逢集必到,周围百十里地的集市被他找遍了,也没有音讯,接着又找了两个多月,还是没有任何消息,他就只好回家了。

杜大妮想孙子。自从来福找到养母后,母亲听说有个双胞胎孙子、孙女,她想如能亲眼看看孩子,死后也能合眼了。她的想法得到儿子和儿媳妇的支持,并准备亲自送母亲前去。这时外边来了一位骑马的男子,找到家里问老人的身体状况和心情。来人叫李三,外号李好,是专门跑信的。李好在本行业出名地守信用,他是来福出钱雇的,当时要求他每月探看母亲一次,有特殊情况及时告知。现在母亲正好想回家,李好看到老人后,心想这哪像90岁的人,看上去只有70岁左右,身体这么好。他和老人的儿子一合计,想到一块去了,儿子和媳妇争着要送老人。由于来福给了李好不少钱,再加上李好也是出名的孝子,李好早就做好了为老人专用的马鞍,能在马背上睡觉。李好说,老人身体好,体重又轻,让她自己骑一匹马,这匹马懂人性,叫它走在中间。由于李小宝和妻子争着要去,李好说,来福给的钱多,四人每人一匹马。然后让老人试试,谁知老人自己骑上去了,高兴地说,我这一辈子第一次骑马,还怪稳当的。这可把他们三人乐坏了,这样就不用担心了。一路上说说笑笑,他们顺利地到达来福府门。由于来福刚到家,没找到生母心不安,在门前走来走去。这时过来四匹马,走近一看,是李好带着母亲一家来了,忙喊妻子出来迎接。妻子跑在来福前面,泪流满面地帮着没见过面的婆婆下马,把他们接到客厅安排坐下。文珍看到婆婆身体硬朗,好像70多岁的人,高兴地跪在她面前,拜见婆婆,然后向父亲报信。父亲看到来福的母亲后说,天意呀,好人积德有好报。文珍把两个正在玩耍的孩子找来见奶奶,老人抱着两个可爱的孙子笑着说,能够看到你们,奶奶死后也合眼了,可惜再也见不到你们苦命的爷爷了。老人的一句话,使一家人哭成了一团。但这是幸福的泪水,从此一大家人团圆了。

来福找到生身父母。因为听说来福刚从外地寻找生身父母回来,杜大妮很动情。她和来福虽然只在一块生活不到六年时间,但知道来福是个孝顺的孩子,先找了一年多把自己找回来,现在又找生身父母,太不容易了。回忆起当初捡来福时的情景,她跟来福说,你抓紧带我回老家,我想起来了,当时包你的被子上有一块布,上面有字,我们不认识。但我把它收好了,想你长大成人有用,也许上面能有线索。来福说,您这把年纪就别回去了,您给我说清地方,我能找到。老人说,不行,我不放心。来福带着母亲很快把那块布找到了,一看是200里外的大李庄,父亲叫李德水,母亲叫孔令梅。来福当时高兴地把母亲送回家,随后去了李庄。由于骑马快,当天晚上就到了李庄,一打听很顺利地找到了生身父母,一家人的伤心之痛终于解开了。母亲抱着高大英俊的儿子说,从小没抱过你,就让娘多抱一会吧,当时是实在养不起你。你上面还有两个哥哥一个姐姐,我们一家人穷得挤在两小间房子里,没有办法,我和你父亲商量着把你送给有钱的人家,但我们这边没有这样的人家,一打听有一家善良的大户,就是太远了。你爹走了好多天才到,他把你放在人家门口,躲在很远处看着,想人把你抱走再回来。没想到你命这么苦,竟然被一位捡破烂的老人拾了去,你爹追了好远也没追上,等他回来时瘦得没有人样,以后再也打听不到你的音信了。为了找你,我和你爹不知跑了多少路,最近两三年才不找。母亲哭着说着,一家人哭个不停,久久不能平静下来。来福把父母劝好,又劝哥哥姐姐,然后又把现在的情况简单介绍了一下,说一切都会好的,我不会为你们抛弃我怪你们。我现在找到你们了,想听听你们的意见,是在此地生活,还是跟我去那边。家人得知来福的家境后说,我们欠你的太多了,不想跟你享福,只要能帮你干点什么,我们就高兴。大家经过商量,决定让母亲先过去给来福看孩子,亲眼见见自己的孙子孙女。由于家里穷,两个哥哥到现在也没有娶上媳妇,姐姐比来福大一岁,也没有嫁人。来福把准备的银钱交给父亲,又和哥哥说,我先把母亲和姐姐接回我家,后边的事,晚点再说吧。来福在当地又找了一位马夫,带着母亲和姐姐回家团圆了。

王员外选掌门人。话说王员外有两个儿子,大儿叫王学力,二儿子叫王学量。由于妻子早逝,又因家业大,很少过问儿子的事。两个儿子由用人照看,养成了自私的个性,为了家业争权夺利,有时大打出手。但两妯娌还不错,都有点文化,就是管不了丈夫。王员外看到儿子的所作所为,实在没办法，他管理家业，任人唯贤，给各位管家立规矩，不要放权放钱给他的两个儿子，这样儿子再也不能谋取家财乱花乱用了。王员外非常看重女儿，文珍孝顺、聪明、有见识，凡有大事都是女儿决策，两个哥哥也听妹妹的。但是妹妹很少过问他们，总觉得对哥嫂应该尊重。文珍招亲的事，两个哥哥都清楚，不同意父亲的做法，但又不敢和父亲说。妹妹婚后，来福这么好的妹夫，对他们两人的影响很大，从争权夺利到互相谦让，从不说话到在一起吃饭，慢慢好了起来。他们看见妹夫处处为家着想，为孝敬老人连官都不做，感动万分，下决心改邪归正。王员外在心里也很感激女婿。为了把这么大的家业经营下去，他经过认真考虑，想让女婿接管，试着和女婿说过两次，但女婿不同意。现在他把女儿、女婿找来说出自己选掌门人的办法，给两个儿子和女婿每人一匹马、一些银钱到外边学习社会经验，一年后回来，谁做成了一件大事，谁就接管这个家。女婿说，岳父，您不要费心了，让大哥接管，我们尽心尽力帮助就是了。王员外是知道儿子的，坚决不同意。女儿说不一定一年，三个月也行，后来员外定了半年的时间。他把想法说给两个儿子听，两个儿子齐声说，叫妹夫接管，他人好，又有能力，我们没有任何意见，我们跟他好好干。来福说什么也不从。员外这时说，既然你两个哥哥都同意，就这样定下来吧。就这样，他们外出半年，各有不同收获，也经历了不少磨难和危险。半年期限到了，王员外把儿子、女婿、女儿、儿媳妇及所有管家召集在一块，开了一个大规模的家庭会议。他让儿子和女婿把在外半年做的事，当着大家的面说出来让大家评评，然后举手表决，不论选中谁，都不准推辞。老大先说，我遇见一个人想跳井自杀，我跑过去把他救下后，给他讲活着的重要性，又把他送到家里。员外说，这不算大事，这是一个人的本分，如果见死不救就是罪人。老二说，我在途中和一个商人住在一块，他临走时把大量的银子忘了，当时我还有急事要办，想把银子交给掌柜，又看钱多怕出意外，想着人家这么多的钱找不到，能急成啥样，我就在此处等了一天。到晚上那人慌张地找来，我给了他，他要给我银子表示感谢，但我没要。员外说，这是不违良心的事，如果拾人家的东西不给的话，和小偷有什么区别，这不能算大事。女婿说，我出去没几天，遇见了一个小偷，他看见我有银子，晚上住宿时，他带着刀子进了我房间，他举刀正想杀我，我突然醒了，这时刀子快到我脖子上了，我一翻身躲了过去。我心想，把他吓跑就行，但他想要我的命，他又扑上来要杀我，我一脚把刀踢飞了，他吓得拔腿就跑。后来我在一处悬崖边上发现他睡着了，当时我只要轻轻一脚，就能把他踢下去要了他的命，但我决不能那样做。我抓住了他的衣服把他叫醒，他一眼认出我，差点滚下去。好在我叫他时抓住他的衣服，他才没掉下去，救了他一命。我问他，你叫什么名字？为什么睡在这么危险的地方？他说叫孔雪飞，家里原来日子过得很好，染上赌博后输得倾家荡产，没办法当了小偷，每次偷盗都失手。小偷说，你的武功太好了，你如不手下留情，那我就死定了。后来他求我，想跟我学武功，我说，武功是用来防身的，不是用来偷人打人的。我把他送到家后，交给他妻子丁小荣，又给了他点钱。这半年来，我还处了一些好人能人，给他们出主意，帮助他们，他们给了我不少银子。这些银子除了帮助穷人，剩下的都带回来了。妻子听后，才知道来福原来会武功。他把银子交给员外，员外一看，比走时拿的银子多了一半。员外问大家，你们看女婿这半年干的事算大事吗？全场齐拍手说，算大事。员外问两个儿子，你们的银子用完了吗？两儿子都说用完了。王员外说，今天的议题是选掌门人，按程序由在座的做主，选了谁就是谁，不准推辞。他这样讲，是怕女婿在这么多人面前推辞，不好收场。通过举手，选大儿子的只有女婿一人，二儿子没有人选。选来福时，除来福外，其他人全部举手，包括儿子、儿媳。王员外高兴地表扬了两个儿子，当场宣布女婿为掌门人。来福再也无法推辞，他给大家行礼后，提出五点建议：第一，全家要团结一心，互相包容，集中智慧，按规矩办事，特殊大事由大家研究决定；第二，我们现有土地一千二百多顷，今后不再增加土地，我们要转向商业经营，总收入只能增不能减；第三，分工细化到人，负责人每年年初把计划报来，大家研究决定后再实施；第四，每年从总利润中拿出一部分钱粮帮助穷人；第五，建议在每个庄子建一座慈善堂，设专人负责。来福的五条建议得到全家人的一致赞同。

来福报恩。来福接任掌门人以后，安排好家里的一切事务，然后跟妻子说出自己的心里话，就是要报恩。文珍对来福向来百依百顺，因为丈夫处处为别人着想，对自己疼爱之心又无处不在。文珍说，你需要我干什么就说。来福就把脑子里记住的每一个人、每一件事的点点滴滴，全部写出来给妻子看。妻子动情地说，你一个大男人，心怎么能这么细呀，就连集市对面的皮匠也记得，又没跟人家学一天徒，也算是恩人呀。来福说，我们爷俩天天在他对面坐着，如不是看他修鞋挣钱，又不要多高的技能，我怎会改行当皮匠给人家修鞋，又怎么能有今天呢？我虽然没向人家拜师，但我内心早就跟人家学了。文珍恍然大悟。文珍又问丈夫，你什么时候学会武功的，怎么瞒着我？来福说，以前每天晚上只要有机会都会出去练功。妻子笑问，功夫怎么样？你能打过我吗？来福说，永远不知道。事实上，来福的功夫太好了，三五个人也难打过他。他是从到毛先生家开始练功的,那时候才6岁,大多是自己悟出的套路。妻子说,你就是个文武双全的胆小鬼,不敢和我这个弱女子打,算什么本事呀?来福知道妻子有意取笑他,就把文珍抱起来转了几圈,接着两人开怀大笑。这时文珍想起父母的事,就说,赶快说说什么时候接咱父母吧。来福亲自把生身父母接到家里,又把哥哥、姐姐全部安排好。然后又把养母请到自己工作的地方,想让养母开心地度过晚年。养母跟他说了分开后的所有事情,最后提出,只想让现在的儿子李小宝过得好一点,他们待我像亲娘一样。来福说,儿子记下了。养母说,还有咱们村和我关系最好的大娘,我打算外出的事只有她知道。你不在家时,她经常过来陪我。来福说,我已记下啦。这时来福说,想给父亲立碑。母亲说,暂时别弄了,等我去世后一块弄吧。来福说,还有那个跑马送信的,虽然他只为我做了一件事。没等儿子说完,她忙说,对对,人家还专门为我做了个马鞍子,他说跑了这么多年的信没见过你这么孝顺的人。来福又到师傅家,问师傅和叔婶子,你们有什么想法跟我说说,如果没有师傅的教诲和您一家人的抚养,就没有我的今天。总之,来福把几十年来帮过他、影响过他的人,全部记录下来,并通过不同方式给予了报答,了结了一桩心愿。后来来福又专门拜访了孔雪飞,孔雪飞的妻子说,要知道您在什么地方住,我们早就去找您当面感谢了。因为亲朋好友都劝过孔雪飞,但他不思悔改。是你的宽容让他弃暗投明,才有了我们一家人的今天,不然早就家破人亡了。说到这里,孔雪飞跪在来福面前,再一次感谢他的救命之恩。

  来福的故事讲完了,虽算不上精彩,但字里行间闪烁着两个字,就是"善"和"孝"。来福从一出生就遇到了一个又一个怀有善心的好人,这些好人,用自己的善行抚养、教育、造就了来福这样一个好人。这个好人,又以自己的善行去回报、帮助和影响了另外一些人,从而使更多的人成为好人、善人。来福、文珍、李小宝等人的"孝",是人的天性,是纯真的,发自内心的,是一个个好人、一件件善事造化出来的。这种孝,只有付出,无须回报。"善"和"孝",是中华民族的优秀传统,是民族文化、思想和道德建设的基石。离开"善"和"孝",就像人没有了灵魂。正是"善"和"孝",使中华民族历经几千年的苦难一路走来,生生不息。

  遍观当今社会,中华传统文化教育的缺失,使一些人的"善念"和"孝心"淡薄了,发生了许多令人痛心的事情。痛定思痛,让我们大家一起重读中华经典,再举"善""孝"大旗,讲好中国故事,共筑文明、和谐、幸福、美丽的新家园。

  我们完全有理由相信,随着改革的不断深入,教育的不断强化,人们道德观念的提升,像来福这样行善、知孝的好人,会越来越多。

浅谈教与育

过去我常讲教育的"根","教从幼抓,苗从幼管,育人重德,幼养习惯"。重视教育,抓教育要从最基础处重点抓"根"。年轻人到了结婚年龄,为了传宗接代,就要结婚生子。在这个重大问题上,年轻人应问问自己,结婚后应如何孕育、生育、护育、养育、培育、教育,最终达到自育。我们如何下功夫,使教与育成功。首先要把最后的"自育"用在年轻人未婚之前,也就是婚前的自我教育。自育的方法首要是"学",做到自学自育,然后才是孕育、生育,最终当一位合格的家长。那么学什么、怎么学?我有自己的感想。"学"就是要读名人的书,有用的书,从内心深处与名人对话,去粗取细,精益求精,然后根据时代发展,结合现实学习身边的好人好事、好技艺、好才能,培养好素质。学习那些好的家风、家教、家规、家训。

一、**怎样生育健康的孩子**。要想生育健康的孩子,首先自己要有个健康的体魄,这样就要夫妻二人学习有关生理知识。在准备生育之前,要养成良好的生活习惯,特别是男同志,不吸烟,少饮酒,去掉一切不良习惯。同时选好生育时间,养精蓄锐,调整好心态,才具备生育健康孩子的条件。

二、**孕育**。孕育的重要任务在女同志身上。但男的要认真服务照料。在这方面年轻人要相信科学,但不能迷信科学。我有7个孩子,父母去世得早,就我妻子一个人带。我妻子在每个孩子出生前一天还在干活,但没有哪一个孩子出生后是不健康的。我认为,女子在怀孕期间,要相信科学,也要借助于传统的经验和方法。我绝对不是想让年轻人再过以前的苦日子,是想提醒年轻人在孕育孩子上,要有健康的理念,有规律的生活。为了生出健康的子女,男子应该照料好妻子。既要关心好妻子的身心健康,又不要太娇爱。事实证明,女子在怀孕后适当运动,干些力所能及的活,有利于孕妇健康和胎儿的发育,同时也有利于婴儿顺利出生。

三、孕检。孕妇在生育前,要做好各项检查。检查时最好有老公或亲属陪伴,以防万一。现在的各种车辆多,医院也都是高楼,会有许多不方便,要注意安全。孕期的检查绝不能马虎,特别是对一些遗传疾病和生理缺陷方面的检查,更为重要。

四、护育。刚出生的婴儿,尤其需要精心呵护,他们没有任何能力,只能在父母的保护和哺育下成长。这就需要父母细心、耐心、精心照看好,认真地哺育,千万不可粗心大意。

五、养育。在过去,小孩子出生后以吃母乳为主。有的母亲没有奶,条件好的请奶妈,没条件的就用细粮加工,在过去叫打糊糊。现在条件好了,但为了工作等,只好用奶粉喂养。这样就要精心地把养育与护育结合,把营养成分配好,让孩子吃得卫生,使孩子健康成长。保持婴儿身体健康是一方面,除此之外还要使孩子快乐成长。不要强求孩子从小学多少东西,会背多少诗,能认多少字。我认为,小孩子的童年是发育期,童年的快乐很重要,不能拔苗助长,剥夺孩子童年的快乐。我曾经说过,小孩子从出生到上幼儿园期间应以"不挑食、静入眠、礼相让、讲卫生"为宜。父母是孩子的第一任老师,要以好的习惯影响孩子。因为家庭是孩子的第一所学校。父母应首先做孩子的好榜样,用自身形象影响孩子。

六、培育。孩子一旦进入幼儿园,就在幼儿园老师的教导下成长。像一棵刚出生的幼苗,如何培植好这棵苗子,这就是我过去常说的"教从幼抓,苗从幼管,育人重德,幼养习惯"。孩子的毛病是大人惯出来的,比如睡在床上哭叫,妈妈一抱就不哭了,再放在床上又哭了起来,时间长了就养成了一放就哭,一抱就好的习惯。进入幼儿园首先要重视好习惯的培养。因为幼儿园有许多的孩子,各家的孩子习惯都不一样,这就要求老师要细心观察,让孩子们在玩中学,学中乐,乐生趣,趣生智,智养人,以德育人,以积极的方法培育孩子。不要过分强调孩子这也不能做,那也不能做,要培养孩子的胆量,但要保证安全。我亲眼见过一位家长,她看见孩子在看打仗的电视,一把把孩子揽在怀里,紧紧地把他的眼睛捂住。我当时心想,我一生最怕孩子没有胆量,为什么有这么多的孩子胆小呢?我也是其中之一,因为我哥哥从小就经常吓唬我,他因为吓唬我,挨了不少打。今天亲眼看到这位母亲竟然用这种不理性的方法教育孩子。孩子已四年级了,将来怎能有胆识进入社会呢?一个人连识别真假的能力都没有,文化程度再高又有什么用呢?

七、教育。孩子上了小学后就进入了义务教育阶段。教育从大的方面说不分时段,大家都认为从小学至大学都是教育,我认为教和育既相连又有区别。单从教的方面说,是教你学会某种知识和方法,比如教你做饭、洗衣服、使用工具等。但育讲的是道德培养和心理素质的提高,我认为德育更为重要,要始终作为终身教育的重点。别说是学生,就是毕业当了领导、教授都离不开道德教育。西方的教育以教为主,重在教你如何去与别人竞争的技能和方法。而中国的传统教育以育人为先导,即先做人,再做事。没有好的品德,本领越高,对社会的危害可能越大。因此,我们要把这一好传统继承下来。

八、自育。自育也可以理解为自觉学习。人只要活着就要不断学习,只有这样才能不断成长。学习要刻苦,向书本学习,向名人、古人学,向社会这本无字书学。要"学而思,思而悟,悟而行,行有果"。要给自己任务,对自己负责,不找借口,更不自欺,养成良好的习惯。只有这样用心读书,多实践,才能取得事半功倍的效果。在学习上要有恒心,有毅力。在这一点上,我认为自己做得还算尽心尽力了。我没上几天学,开始学时太困难,后来没办法,就拉开脸去问、去请教。学得实在艰苦,实在困难,但困难激励了斗志,磨炼了意志,增长了知识,提高了本领。我说句心里话,我的痛苦全在学习上,但最终使我快乐的是我克服了各种困难,学到了知识和本领,并且运用这些知识和本领,为社会作了微薄的贡献。

劝学

学习犹如灯长明,灯燃加油须不停。
优秀之人学业成,刻苦努力持以恒。
学无止境知不足,永不言败攀高峰。
制订计划目标明,循序渐进巧用功。
温故知新抓重点,勤奋刻苦细钻研。
想学并不缺时间,积少成多分秒添。
才智来自苦钻研,知识积累如登山。
技艺之高在勤奋,勤能补拙必长进。
真理长河唯学精,书山有路勤为径。
乐于学习成习惯,善学多思美梦圆。
天下大事起于微,洪波巨浪源于细。
孝敬父母万事先,关心家庭众成员。
勤于家务多实践,动手动脑不废偏。
勤俭持家摇钱树,通理精文添财富。
在校尊师多请教,团结同学莫孤傲。
尊老爱幼道德美,谦恭礼让严律己。
尊重自然敬万物,三省吾身思不足。
常以贤能为榜样,取长补短利成长。
做人诚实信为本,精神之粮养身心。
有才有德有善心,爱党爱国爱人民。
理想之路漫漫长,唯学能聚正能量。

知识是舟勤作桨,破浪扬帆可远航。

吾言不如钱帛贵,谨记可延世泽长。

有一天,我在六女儿家和外孙周芮廷聊起学习之事,我们俩越聊越上劲,我想不如写一篇对学习有促进作用的顺口溜挂在她房间里,让她一看就知道用功学习。这时,我突然想起有一位书画家小楷写得特别好,于是我就到书房写了出来。拿到外边叫外孙一看,她说,姥爷,这么多的字,你怎么能想好,怎么写这么快呀?我女婿当时就说,姥爷这是一天天积累的。他要求女儿要学会并背诵,说,不会就问姥爷,要理解此意思。我接着说,我手机里面全是如何用功学习的事,因为我经常给你大哥发信息,他是老大,想让他给你们带个好头,我把这些信息总结出来,所以写得快,不然半天也写不出来这些有意义的东西,这是长期学习积累的。六女婿看得很仔细,说很好。

第二天,我就回到萧县,请萧县诗词楹联学会理事、老年大学的刘老师,用小楷写好。在我心里,他是一位德高望重的退休老干部,写的小楷得过很多次奖。到他家后,我让他先看看我写的诗,他说很好。由于他的诗词写得好,我让他给我改改,他说,我不改动你的意思,在措辞上作些修改。因为我们关系很好,我说,你给我写一幅,我把它复印或想其他办法搞 7 份送给孩子,让家孙、外孙都学习。他要全给我写,我说,三四百字,太费劲啦,就写一份吧。他没两天就叫我过去拿。我拿到后,当时就送到裱字的地方复印了 7 份,同时全用木框裱好,长 1.7 米,宽 0.5 米,就这样用车拉回家,有的我亲自给他们挂好。

后来有外孙还说我,姥爷,怎么只有大哥的是正品,我们的都是复制品呀?我说不论什么,意义都一样,你们千万不要辜负我的一片心意呀。

人生必备——孝、忠、勤、俭

"孝",从古至今,不论干多大的事,做多大的官,首先要讲孝道,古人云:百善孝为先。说明从古至今都把孝看得特别重要。过去有很多事例,如卖身葬父母,辞官养父母,当今好人榜上的孝顺儿媳妇等,他们的孝道实在感人。与人相处,首先看你是不是一个孝顺的人,如果连自己的生身父母都不孝顺,那对别人怎么能有真心呢?

这是一个真实的事例,在此就不表明是谁了,且称"张三"吧。张三约几个好朋友相聚,摆上一桌好酒好菜,正欢乐时,忽然看见一位老人在门外端着碗要饭。张三急忙出去把那位老人赶走了,那位老人还边跑边往后看。这一切被饭桌上一个认识张三父亲的人看到了,他立即站起来问张三,你为什么把你父亲赶走了?你父亲为什么出来要饭呀?张三却理直气壮地说,那人不是我父亲,我根本不认识他。这一桌人一听此事,马上都站起来了。那位问张三的人把饭店老板叫来说,这桌饭多少钱由我给,包括餐具。老板心想怎么还问餐具多少钱,老板正想着,那人把一桌饭菜掀翻了,很生气地说,我们这么多人都瞎了眼,像张三这样的人连自己的亲爹都不认,没有孝心、没有德行,我们都没看清,这样的人怎能和他做朋友?饭桌上还有两人出来找到张三的父亲问长问短,他父亲吓得什么也不敢说,生怕儿子知道后打他。这两个人回头把张三骂了一通,恨不得揍他一顿。

这个真实故事流传很广,也影响了不少不孝子,使其改变了行为,成了孝子。一个人如连父母都不孝敬,怎能在人间生存?孝是人之根本,根没有了,人活着还有意义吗?

"忠"包含的内容很多,忠于祖国、忠于党、忠于人民,忠实、忠诚、忠心、忠言、忠厚等。忠厚是为人处世的基础,内心忠厚,就是人幸福的基础。比如高楼大厦，只有忠厚的人才能把基础建牢，保证万丈高楼永久稳固。又比如各行各业都有职业道德，职工要忠于自身的工作，诚心尽力完成应承担的任务，做一个忠厚的实诚人。我们这么大的国家，正是因为有了一大批忠于祖国、忠于党和人民的人，社会才能稳定发展，人民才能幸福，国家才能长治久安。

"勤"是人类生存的根本。我们常说"人走千里端着碗，只喜勤力不喜懒"。人在社会上想生存，想幸福，必须以勤为本。勤是摇钱树，俭是聚宝盆。不论你多么孝顺，也不论你地位多高，只要不勤，你都难以生存，因为一切生活的物资都来源于勤。勤要行动，光凭嘴说是不行的。例如科学家、公务员、老师，他们都以勤劳而获得了丰硕成果，不是坐在那里空想、空喊。勤能补拙，能创造出人类需要的一切物资。

"俭"是聚宝盆。俭不仅是节约一点钱物的事，还是一个人的素质修养问题。我在企业职工大会及不同场合经常讲"挣钱是本事，是一个人的能力和智慧。但花钱就不一样了，花钱是一个人的修养和素质"。有一个农村妇女，她老公在本村算是有点本事能挣钱，就是存不了钱，家里有一点事就得借钱。大家都说她不会过日子，平日里什么新鲜吃什么，什么贵吃什么，只要新上市的、好吃的，她非买不行，不管价格高低，但她对穿衣服从不讲究。就她这种过日子的习惯，时间长了，大家都另眼看她。她老公能挣钱，但经常欠亲朋好友的账。所以说，在"俭"方面，用钱方式不同，一个人的层次就不同，所以在花钱上能看出一个人的素质和修养。

认清朋友

人常说,朋友很多,知心有几个。从有事相处到交成朋友,就是两个人在一块做事中互相认可,相互信任,直至情感交融,以心相交。以物质和金钱交的朋友不是真正的朋友,那是相互利用,或者叫盟友,是为了利益而联盟。因为人生在世,干任何事总是要和人打交道,从打交道到成为熟悉的人。但有时成也熟人,败也熟人。因此处友需要慎重,就是说在与别人相处时要注意他点点滴滴的小事,要有察人之目和观人之心,不能光用眼看人,更要用心观人。我常讲"朋友是财富,关系是资源,科技是效益,机遇是金钱"。朋友是精神上的最大财富,在一定的情况下,他比金钱贵重。真正地交朋友是没有任何目的的,相互帮助是心甘情愿的。真正的朋友胜似亲人,在关键的事情上,私心话不能和亲人说,但能和朋友说。真诚正直的朋友能打开人的心扉,解开心结,让你从苦恼中走出来,甚至说从生死的边缘把你拉回来。但是处朋友是相互的,不能只要求别人好,首先要看自己是不是个合格的让别人相信的人,自己合格了才有资格与人相处。要学会吃亏,没有私心,没有攀比心,别想靠别人的权力往上爬,靠着别人的好处得实惠。要有爱心、善心、感恩心,更为重要的是有担当和责任心。能在朋友有难时挺身而出,不要求才助,这才是真正的知心朋友。以心摸心,才能找到真正的好朋友。成为好朋友后,要真诚相处,不能轻易怀疑朋友。有一个真实事例,20世纪70年代,有两个人从20多岁起就是好朋友,20多年从来未红过脸,转眼到了不惑之年。为方便叙述,就称他们为甲和乙吧。有一天,甲去乙家说事,在甲走后,乙发现自己的手表不见了,那时有手表的人极少,他怀疑甲拿走了他的手表。于是,他就到甲家去找手表,他说,你拿我的手表也不说一声,我在家找翻天了。甲心想他是开玩笑,甲说,我没拿你的表呀,我们20多年的朋友,我怎么能这样做呢？乙始终认为是甲拿了他的手表，甲看到乙是认真的，甲心想，我们20多年的友情，他怎么能怀疑我呢？甲想想后说，我戴几天就给你，好吗？乙生气地回去了。乙刚走，甲就到市里买了一块一样的手表给乙送去了。乙说，你不是说要戴几天吗？怎么送来了？别不好意思。甲气得什么也没说就回家了，心想，这样的朋友还处什么？下决心和他分手。乙的妻子问丈夫，朋友来了怎么没说什么就走了？乙说，他不好意思。妻子问为什么，丈夫说，他拿我的手表也不说一声，我去找他，他说戴几天再给我，感到不好意思又送来了，这样今后还做什么朋友。妻子一听赶忙说，你的表到处放，我怕孩子拿去，给你收起来了。然后把手表拿给乙看。乙这时才知道，甲给他送的手表是刚买的。他马上找到甲道歉说，实在对不起，我万不该怀疑你这么好的朋友。甲说，手表我不要了，权当给你留作纪念。从此甲乙二人不再来往，为了一块手表丢失了20多年的交情。后来大家知道了这件事，乙的威信越来越低，再也没有朋友了。但甲的朋友越来越多，认为他大度能吃亏，求人办事从未遭到拒绝。所以朋友相处一定得学会吃亏，吃亏真是福。

怎样选择朋友呢？我认为，遇到一个可以相处的人，可请对方帮你一点小忙，然后从对方的反应中，分析对方的态度和特点，把态度作为重点，然后看特点。如果对方认为这个事能帮，并立刻认真地帮你去做，这样不论结果如何都可以交朋友，因为这样的人一般都是性情较直的人。如果对方考虑再三，比如分析一下你的关系如何，你的实力和地位以及事情的难易程度，然后采取相应的对策，那么这种人只能当普通朋友，不能当真心朋友。有的事情可以与他联盟，但难以和他交心。因为这种人虽然不坏，但入世很深，他们信奉的是利益学，"没有永远的朋友，只有永远的利益"。一旦你毫无可用价值，他将会抛弃你，还有可能会对你落井下石。如果你对他提出的要求是在他的能力范围之内，他爽快答应；而假设超出他的能力范围则直接拒绝，这样的人是最诚实的，可以做正常相处的朋友。如果你的要求以他的能力能够相助，他讲一些条件才答应；他没有能力给你办也不直接拒绝，而是先答应着，然后再慢慢拖你，这样的人就不是真心的，碰到这样的人是你的不幸，不能轻易和他做朋友，以免后患。还有一些酒肉朋友，为了在一起吃喝玩乐，平时对你很热情，感到很亲切，整天泡在一块。但你真有事想找他，没等开口就被他算准了，立马就跑得远远的，或者找各种各样的理由拒绝你，甚至反过来批评你不够意思，还在外边说你没有人情味，处处给他添麻烦。像这样的人，请你敬而远之，因为这样的人是绝对的损友，和这样的人相处是有危险的，等到最后连死都不知道是怎么死的。

　　还有一种人，就是经常能为你着想，知道你有困难，没等你开口就不声不响地帮你解决了，生怕你思想上有压力。像这样的朋友肯定是你可以真心相处的铁哥们。我曾相处的一位城市朋友和他未婚妻说，我的这个朋友若来我们家，你如果不发自内心地热情招待，等你爸妈来我们家，我也不认识他们。后来我因躲计划生育政策，他竟然把我的孩子接到他们家过了一段时间，由于孩子不习惯，我又把她接回来了。还有一次，他开着车拉了两袋子衣服送给我们。总之，处朋友，首先自己要能够成为别人的合格朋友，然后才能寻找到可以以心相交的朋友。

人生成长无止境

人生成长无止境,就是说,人从出生那天起永远都在成长。

从出生的第一声啼哭到有笑脸至笑出声,人都在成长。妈妈希望孩子能坐、能爬、能站、能走。一岁、两岁、三岁,进幼儿园,上小班、中班、大班。爸妈都希望孩子赶快成长、成熟,最终成人、成才。

这种传统的生儿育女的规律,像催化剂一样加快孩子的成长。特别是那些望子成龙的家长,对孩子的培育没有科学性,拔苗助长的心态太强,想孩子立马给爸妈装面子,希望孩子快速成长、成才,出人头地。我认为,让小孩从小养成好习惯,在好的习惯的基础上稳中求快地成长,让孩子童年时快乐成长,一旦懂得是非好坏,就给孩子设困难,让孩子在艰苦和困难中找乐趣,苦中乐、乐中行、行有趣,让孩子慢慢成熟。人生成长的阶段,单从肉体和骨骼上说,在农村有句古话,叫"十七十八力不全,二十多岁算青年,三十多岁正当年,四十多岁不'沾弦'(土语,就是人能力下降的意思)",就是人一到40多岁就慢慢变老了,体力和脑力都有点退步了,特别是体力。我认为,人的身体骨肉变老是正常现象,是生理规律。但是从人的灵魂和思想上说,人只要不死,永远都在不断成长。灵魂永远陪伴着身体成长,灵魂的触动使人的精神和思想活跃起来,这样就是年龄虽大但心不老,正如农民所说的,人老心不老。人在20岁前后,有梦想,就是经验不足,做事还不够稳,有拼的勇气,但很难梦想成真。到了30多岁时就稳重多了,40岁时在面对复杂的问题时就有了解决的办法和能力,做事做人更加成熟。等到了老年,也就是50岁以后的时候,反而有了年轻人的心劲,这些老人有强烈的爱国心,他们不只为自己活着,如有的科学家,他们的精神更可贵。有很多报道说,他们在病床上,在临终前才完成他们一生所想完成的大事。所以我认为,人生成长无止境。还有的特殊人物,他们是为整个社会和人民而活着的。像伟大的领袖毛主席,还有孔子、孟子、汉武帝、唐太宗等,他们的思想和作为一直影响和推动着社会发展和进步。总之,那些伟人,例如孔子,他的思想,带动了人类心灵的成长。

善与恶

很早以前,有一个人名叫王大牛,他的妻子叫李杏花,两人结婚后生了两个儿子,大儿子叫大羊,二儿子叫二羊。家里有40多亩地,在那个时代虽有40多亩地,由于产量低,比上不足,比下有余,一家四口人的日子过得还算不错。但大牛有一个坏习惯,爱赌博。由于经常赌,40多亩地输了10多亩,把李杏花急得要死要活的,她就带两个孩子回娘家去了,但王大牛却不在乎。没过几天,李杏花怕他把地输光了,就回来了。李杏花回来后,采取强硬的办法,不论他在什么地方赌,她都带着孩子去闹,王大牛打也好骂也好,她还是闹个不停。由于李杏花经常闹,王大牛好了一两年,不赌了,杏花认为她赢了。

没多长时间,又生了儿子,起名叫三羊。自从生三羊后,王大牛特别疼小儿子,对前面两个儿子没有任何感情,好像没有血缘关系似的。杏花心想,你要不赌钱,不疼前两个儿子也没什么。王大牛只要没有事就带着三儿子到处玩。有一次,他带着三儿子到离家十里路远的亲戚家,看到亲戚家里正有一场人打牌,瞬间他戒了两年的牌瘾上来了。幸运的是,一连多场不输,都是赢。他心想,这么长时间没赌过了,怎么今天运气这么好呀。他胡思乱想,竟然想到是抱着小儿子的幸运。他在亲戚家一连几天,天天赌,场场赢,赢了不少钱。回家后他高兴地和妻子说起此事,妻子不仅不高兴,反而说,这回好了,你的坏习惯又来了,三羊这么小,你就抱着他赌钱,今后他可能学会了。王大牛说,从今往后你少管我,因为我只要抱着他赌就能赢。你等着看,三羊这孩子命好,长大有本事,比他两个哥哥强多了。从此,他就更喜欢三羊了。三羊要什么,他就给买什么。杏花看实在管不了,就把家里她经手过日子的积蓄收拾好,带着大羊、二羊回娘家去了。杏花这一走,王大牛特别高兴,心想这下可没人管我了,只要有钱,什么事办不成?由于他总是赢,知道的没有人敢和他打牌了。

时间过得太快,他的小儿子很聪明,从小跟着他竟学会了赌钱。王大牛用赢的钱置了不少地,家里找了用人,又给三羊找了个年轻的后娘叫丁梅花。由于来钱容易,不少不务正业的人跟他爷俩学赌钱,时间不长,就招来一帮酒肉朋友。就这样,王大牛在当地成了痞子头。三羊在他影响下特别霸道,经常打骂邻居。王大牛在离他村不远处置了一块地,有20多亩,他为了再扩大,竟然想把两边相邻的地强占。开始他说,用他一块最远最差的地跟这两家的换,这两家人知道他霸道,也打算跟他换,由于答应得慢了,他不愿意换了。王大牛孬点子多得很,他让用人一连两年越界耕人家的地。左边的一家人姓赵,叫赵老虎,他夜里从山上拉来几块石头埋在地界里。老虎心想,你耕吧,谁知王大牛的人一耕地就把犁子搞坏了。王大牛心想,你竟然敢和我斗。王大牛召集他的打手差点把赵老虎打死了。那是弱肉强食的时代,政府根本不管。

就这样,王大牛的势力越来越大,他说,只要我大牛想的,就没有得不到的。王大牛右边的一家人姓田,叫田小宝,妻子叫谢凤英,他们有一个儿子和一个女儿。田小宝两口子在村里是出名的好人,为人处世特别厚道。王大牛想强占他们的地,他们也不敢说什么,地竟然被占了一大半。田小宝心想,不如卖给他,随便王大牛给多少都行。田小宝就主动找到王大牛说了想法。王大牛说,你早干什么啦?田小宝说,开始也没说不给你换呀。王大牛强势的性格来了,他说,我不和你们这些穷光蛋一样,我听我爹说你爹以前少我们的钱,别说你这些地,再加一些地也还不清我们的钱,你就把你的地还我们的债吧,不够就叫你妻子帮我们家干活抵债。田小宝心想,这不是明显讹人吗?怎么能想出这样的孬点子?但又不敢和他强辩,因为他知道左边邻居挨打的事,就回去了。到家后和妻子一说,他妻子说,王大牛早就打她的主意了,并在她面前说,只要他想的没有办不到的。第二天,王大牛找上门来,并限期还账,田小宝因为太老实,实在受不了这个气,想不开竟然上吊死了。田小宝死后,王大牛更高兴,心想,占他妻子就更容易了。田小宝的妻子很聪明,心想,不能光难过,得赶紧想办法。她连夜找人把丈夫埋好,带着孩子远走高飞了。王大牛心想,田小宝死了,这家人怎么也不哭,跟没事一样。他心里很高兴,心想,这个漂亮的女人,我不费劲就能搞到手。又过了一天,还是没动静,王大牛就去她家,推开门一看,大人孩子都不见了,家里也没有什么值钱的东西,人去屋空。王大牛的所作所为,丁梅花实在看不下去,但又怕他,跟他过了一段时间,也没有什么感情,后来找个机会跑了。

　　王大牛的事暂且放一放,先说说谢凤英。凤英知道王大牛早就打她的主意,王大牛在当地是一霸,大家都怕他,她想,我走得远远的,不让他找到。她带着两个孩子一路走一路要饭,心想,身上带的这点钱不能用,一旦找到合适的地方,得用这点钱做本钱,找个吃饭的门路。她打定主意,带着孩子去城里住下来生存容易些。后来,娘仨到了南方的一个城市落了脚。那个年代社会乱得很,凤英长相好,怕被坏人惦记,于是就经常打扮得像个老太婆。城里有个老板名叫高新平,在本市是个出了名的善人。有一次,他在街上看见这娘仨在垃圾堆里捡破烂,高老板走到她们面前一问,听说话不是当地人。高老板看这娘仨可怜,就把她娘仨领回家了。到家后,给她们收拾好两间房子,说你们要习惯我们家的生活,你们就住在这里帮我们做点什么,又叫人给大人孩子买来新衣服换上。这时凤英被感动了,她跪在高老板面前,懂事的两个孩子也跪在地上给高老板磕头。高老板忙把他们拉了起来,问,你们是怎么流落到这里的?凤英于是把自家不幸的前因后果说给高老板听。高老板说,你们娘仨就安心地在我家住下吧,等你们想家了,我可以陪你们一块去。凤英感激不尽,她交代两个孩子,千万别看人家的什么好东西就乱拿,要有礼貌,要勤快。由于他们娘仨的素质高,高老板也把他们当自家人看待,跟凤英说,两个孩子这么小,别让他们干活,叫他们去学堂上学。凤英早就下决心,一旦挣点钱就送孩子上学,没想到老板这么好。凤英给老板磕头致谢,高老板说,凤英,今后千万不能这样,若这样就不平等了,我也是过过苦日子的人,受的难也不少,也没少受人欺负。凤英听到高老板说他也过过苦日子,还说给他磕头就不平等,心想世间还有这样的好人啊。

　　凤英为了报恩,在高家卖命地干活。由于能干又聪慧,感动了高老板的妻子。高老板的妻子姓陈,叫陈兰花,她特别看好凤英干活的技巧和能力,心想,人又好又端庄漂亮,更重要的是品德好素质高,心里打起了凤英的好主意。陈兰花是本市一个大商家的女儿,有文化,知书达理,是一位贤妻良母,她和高老板因相爱成了亲。嫁过来后,她经常给高新平出谋划策。在她眼里,看人没有看不准的。有一天,她对高新平说,老高,你看凤英这个女人怎么样?高老板说,能力和人品都不错,人又漂亮。他问妻子,你问这干吗?又有新招?因为老高知道妻子的眼光和能力。妻子说,我想把凤英介绍给我弟弟,你看怎么样?高老板说,你太有眼光了,我怎么没想到。妻子开玩笑地说,你们男人光知道做事,哪有体贴女人的心思呀。虽然兰花的弟媳因病刚离开人世,但她家在本城是一家大商户,声望高,所以她弟媳死后,有不少人给她弟弟提亲。但这家人的传统观念很强,说妻子的坟头土还没干,过两年再考虑此事。就这样,凤英的好运来了。老高说妻子,你别像你弟弟那样传统。妻子说,你还不了解我弟弟吗?他不论干什么都听我的。老高说,我们两家人谁敢不听你的,你是大才女,是仙女。说着,夫妻俩笑了。

第二天,兰花把凤英叫到自己的房间,开门见山地说出心中之话。凤英虽然家境穷,但智力不比兰花差多少,只是没有兰花有文化。凤英说,大姐,我们娘仨的命都是您救的,我什么都不说了,一切听您的。但有一条我得说前面,像您这么大的家业,人又好,在当地给你弟弟找个没结过婚的女孩子没有任何问题呀。我怕您弟弟在这方面嫌弃俺,再说我还有两个孩子。兰花说,你说的这些都在理,因为我母亲死得早,我弟弟从小到大都听我的,你的人品我都是看在眼里记在心里的。论过日子,没结过婚的女孩子怎么能比得了你,你只要心里愿意就行。你若想在我们家干活以身补情,那我就不同意了,因为爱情和婚姻是大事,不能有私心,这样才能过好日子。凤英心想,这位大姐娘婆两家都是大商家,人怎么这么好,多么平易近人呀。一个女人看问题,眼光这么高,心胸这么宽呀。凤英说,大姐,我什么也不说了,一切听你安排,我虽然还没见到你弟弟,但有你这样的姐姐,弟弟肯定也是个好人、善人。从内心说,我算遇到好人了。兰花的弟弟叫陈胜利。

第二天,兰花叫人把弟弟找来,把为他说亲的事以及凤英的人品和能力说给他听。弟弟因从小失去母亲,什么事都听姐姐的,他说,姐姐看中的人肯定错不了,但是我有个孩子,人家能接受吗?他姐说,人家有两个孩子,你若能从内心接受,待人家两个孩子像自己亲生的一样,人家咋能不接受?她在我眼里是打着灯笼也找不到的好女人,你千万要善待人家。他说,姐姐你放心,弟弟我是在你的影响下长大的。第二天,兰花安排他们两人见面,两个人一见钟情,相见恨晚。凤英看到面前的一位英俊的男人,心想,我凭什么也配不上人家,人家无论家庭还是长相都很好。人看上去很和善,很有风度,虽然是二婚,但作为这样的男子,别说是他妻子已死,就是还活着,添个二房也不算个啥事。凤英不敢相信这是真的,但又一想这可能就是缘分吧。陈胜利看到凤英的第一眼就想,这像有两个孩子的女人吗?实际上,凤英还不到30岁,因为过去十六七岁就结婚,凤英的两个孩子,儿子12岁叫田小华,女儿10岁叫田小美。这一见面后,陈胜利内心里对凤英特别满意,两人聊了起来,一聊起来,感觉特别投机。因为都是过来人,当面都表示没有任何意见。陈胜利先说,俺的事都交给我姐吧。凤英说,你姐就是我姐,你就给俺姐说吧。胜利说,咱俩一块见大姐。就这样,两个人找到大姐把事说清。兰花也早就预料到了,双方都会很满意。兰花说,弟弟,我虽然是你亲姐,但你有家,我是出门的女人,现在就是凤英的娘家人,我得把你们俩的终身大事办得像新婚一样,凤英这边的所有需要,我全负责,我又是姐又是娘家人,今天晚上我和你姐夫说说,最近看个好日子,给你们两个把事办了。凤英一下子跑到兰花面前给她跪下,同时大哭起来。胜利把凤英拉起来揽在怀里给她擦眼泪,瞬间凤英觉得像梦中似的。晚上,兰花和自己男人说了这事。高新平说,妻子,你为我们两家人做了一件大喜事。兰花说,若不是你心善,把人家娘仨领到家里,我想做好事也没有机会呀,这件大事是你的功劳。就这样,他们把胜利和凤英的喜事办得风风光光的。两家人门当户对,在该城市里成了联合的商业大户,凤英的到来给这两个家庭带来了极大的喜悦。陈胜利是个文化人,后来凤英的两个孩子在陈胜利的教育和培养下,都成了当地有名的文化人。陈胜利经常挤出时间教凤英知识,凤英认真学,认真领悟,也成了一个知识女性。

陈胜利与前妻生的孩子叫陈东亮,凤英对东亮比对自己亲生的孩子还好。东亮只比自己的男孩子大两个月,凤英教育两个孩子:你大哥是老大,你们都得听老大的,更得听你爹的。由于两个孩子都知道自己亲爹是上吊死的,凤英专门跟他们说,你们要学习你们现在的爹的文化和能力。因为你们原来的爹爹虽然老实,但太无能,作为一家之主,抛弃老婆孩子不管,自己撒手走了。你们也不能忘了自己的亲爹。我们娘仨若不是遇到了好人、善人,怎么能有今天?

王大牛想占有凤英,但动手时已经晚了,他下决心要找到凤英的下落,就派人到处打听,找了好长时间也没找到。他认为自己有钱就没有做不到的事,于是他把打手召集到一块帮出点子,大家说什么的都有,有的说太难找了,找个漂亮的小女孩不也很好吗?王大牛听到这话气得把说这话的人训了一顿。这时有一个人会拍马屁,说扩大范围,我不信就找不着带着两个孩子的弱女人,我相信大哥的话,只要大哥想的没有得不到的。这个马屁一拍,王大牛很高兴地说,你说得对,我就是有钱,这件事由你负责,找到天边也得找到这个女人。拍马屁的人叫大林,大林带着一帮人又扩大范围到处找凤英。这帮人边找、边赌、边盗,无恶不作。近处提起王大牛都怕,但远处就不行了。

也该他们倒霉,有一天晚上,他们因赌钱输了,就想去偷人家,有人说,我们要偷就偷大户,我们这么多人怕什么?就这样,他们在偷一户当地有名的富人时,被人逮着了。由于这家夜间看护的人多,除带队的大林跑开了,其余的人全被抓到了。经审问,得知了这帮人的所作所为。这家当家人心想,得对他们厉害点,不然他还可能来偷我家。于是,就把他们打得死去活来,折磨了好多天。

再说大林跑到家后跟大牛一说,大牛说,再找一些人,我要亲自看看这家人的本事,他能有多厉害。大林因为害怕,说人家人太多了,又是大富豪,别再去了。这时,大牛得理了,说扩大范围是你出的点子,现在你又怕这么多的人,你没种,你自己跑回来了,这么多的弟兄在人家手上,能不问吗?说着就叫下边的人把大林打一顿。他不顾大林的感受,于是又和大林带了一大帮人去找大富豪算账。谁知人外有人、山外有山,没想到又被人家抓个正着,包括王大牛在内,一个都没跑掉。这家主人姓孔,外号叫孔半天,在当地也很不得人心,他以放高利贷发家,驴打滚式地结算利息,攒下了许多不义之财。那时大多数人穷,靠借大户人家粮食生活,这样就越来越穷,大户却越来越富。这一回王大牛输了,他问孔半天,你想怎么样?孔半天比王大牛有点子,说,我什么怎么样?大牛说,我给你多少钱,你能放了我们?孔半天说,你也不看看本老爷的家财,老爷我不要钱,就想玩玩你的命,什么时候把你折磨死,什么时候就没事了。先把你搞死,再把大林搞死,到那时候就把其他人放了。王大牛听孔半天这一说,吓坏了,他跪下来求饶他一命,要什么给什么。孔半天说,你不是找女人吗?我就要你找的女人,除此之外我什么也不要。这回可把王大牛难住了。大牛说,这个条件我现在做不到,我还是给你钱吧。孔半天说,那好吧,你既然有钱,那俺就用钱说话吧,你这么多人来偷我家,要是得手了,得拿走我不少财产吧?你就给我一万两白银吧,这在你看来应该不算什么大事,不然怎么能养活这么多孬种。他要一万两银子,可把王大牛难住了,王大牛的家财比孔半天差得太多了,但又不敢不答应。他说,我先给你一半,其余打欠条,行吗?孔半天说,那就别谈了,你离我这么远,我还得找你去,不行,没有谈的余地。后来,在王大牛的苦苦求饶下,孔半天同意先给三分之二。孔半天说,你先看看我的家境,若放你一个人回去在限期内不来送钱,我亲自带人把你请来,你信不信?王大牛说,信信信。

孔半天把王大牛先放了,王大牛回去后,将所有的家产低价变卖才把钱凑够。他知道孔半天的势力和胆量,不敢怠慢,赶紧把钱送来了,孔半天把他的人全放了。在他们临走前,孔半天放一句狠话说,你们任何人如有想损毁我的话,我随时去拜访你们。王大牛说,不敢不敢。事实上这么多天来,他们被折磨得死去活来,亲眼看到人家的势力和孔半天的胆量,没有不怕的。王大牛把人带回来了,但家财没多少了,没有办法养活这么多人,只留下几个人,其余人全放回家了。时间太快,欠孔半天的钱到期了,但真还不上。这时孔半天找上门来,说,你怎么失信了,是没有钱还是想赖账?王大牛心想,这个孔半天真有胆,这么远竟然敢一个人来找我,强龙压不住地头蛇,不如把孔半天扣下来好好整整他,让他也尝尝被折磨的滋味,于是向几个手下使眼色。谁知刚想动手,就被孔半天拳打脚踢打得鼻青脸肿。这时王大牛心想,这家伙太厉害了,他又找来几个人,并亲自和孔半天交手,但只能是应付。正在不分胜负时,孔半天的几个出名的打手到了,同时还带着他们从没见过的武器,这可把王大牛和他的一群手下吓坏了。王大牛心想,我是死定了,忙跪地磕头求饶。孔半天说什么也不信他了,孔半天说,没事,我们权当领教一下你们的本领,你赶快把钱给我们,一算比原来打欠条时多了一倍。王大牛问为什么多这么些,孔半天说,你没看条上的利息吗?原来他是按从第二个月利生利驴打滚的利率结算的。王大牛赶紧把他们的人召集起来,低价卖地才把钱还清。孔半天拿到钱后,把新式武器放在王大牛的脖子上亮了亮,你如敢再耍花招,我就用它来你这个地方练一练。王大牛心想,我不光失信,也高估自己,小看人家了。人家才是混世的人,有胆有识,还有这么好的功夫,有这么多的打手在外边等着,我还在自己地界撒野,我这事错得很了,我得过了这一关,想从头再来。

  王大牛想着改邪归正,但吃屎的狗不忘草院子,没有多长时间又开始赌钱了。因为他和儿子都会赌,并且技术高,不长时间又积攒些财产。这时,他给儿子结了婚,儿媳妇叫安小秋。心想,从此光赌钱,不再打骂占人便宜了。谁知他们有技术赌钱,钱来得快,儿子在爹的影响下学会了吸毒。由于毒瘾大,把身体搞坏了,没有了生育能力,结婚多年也没有孩子。王大牛由于好赌,怕有管头,也没有再找老婆,就这样,家里只有儿子和儿媳妇。儿媳妇由于多年不生孩子,心里也不好受,心想,这就是命运吧,但是还是想要孩子,想着养儿好防老。安小秋由于心情不好,有时候她和男人一块打牌,但是输得多赢得少。王大牛心想,以前这么多人围着他转,现在这么大的院子,这么多的房子只有三个人住,院子空了,心里也空了。这时,他想起了田小宝上吊之事,他也想走田小宝的路子。但是死太难了,老话说,屎难吃,人难死。他想,不能死，好死不如赖活着。他仍以赌钱为生，重新置办家业，也不那么霸道了，但儿子没有生育能力在他心里仍是大事。

　　王大牛的事暂且不叙，接着说说赵老虎的处境吧。赵老虎因为在地墒沟里埋石界，王大牛的用人耕地坏了犁子，差点被打死，后来身体恢复了，就再也不敢种那块地了。因为他知道王大牛的孬点子多，更知道他想占这块好地。于是，赵老虎就带着家人到外地靠要饭过日子。但是赵老虎要饭和邻居凤英不一样，凤英把目标定得远，走得远远的，找机会培养孩子，过上了好日子。她已把王大牛的所作所为忘到九霄云外，一心只想好好培养孩子。但赵老虎始终想着如何找机会报仇。我认为，不论什么时候，什么时代，心里背着仇恨的包袱都很难过上好日子，就是有钱有资产了，也不快乐，更谈不上幸福。就像南非前总统曼德拉说，我自从走出监狱这个大门，就有了自由，但我若不能忘掉那些仇恨，那么我的心还是在监狱里。后来，他当选南非总统。

　　赵老虎在本村周围没走远，因为如果走远了就打听不到王大牛的情况了。每日里要一口吃一口，过一天少一天。功夫不负有心人，赵老虎得知王大牛的情况后，他要下手了。按理讲，赵老虎的仇已经有人替他报了，但他内心的"恨"已生根。他多次想下手，但王大牛夜间看门户的人多，很难得手。他想这次非成功不可，他把多年准备好的东西带去，趁着夜间人少，把王大牛的几处房子全部烧了。夜间的大火映红了半边天，竟然没有人出来救火，可见王大牛作恶到极点了，没有一人同情他。家里有再多人也得烧死。他回去后等来的竟然是王大牛一家三口人身没受到伤害的消息，就是房子全部烧光了，连个住的地方也没有了。赵老虎心想，究竟怎么回事。原来那一夜王大牛一家三口都去赌钱了，这才幸免于难。赵老虎心想算他们走运，这样也好，不死先叫他们受受罪，反正有一天我得弄死他们。常言讲，狗能咬人一口，人不能再咬狗一口呀，人已把狗打得半死，怎么这口气还没出呢？赵老虎自己就得了复仇不足的心病，别说混好了，能领家过日子都很难，到后来损坏了自己身体，害了自己一家人。

　　王大牛遭受火灾后彻底绝望，好像憨子似的，儿子更是如此，儿媳妇再也不能忍下去了，和王三羊分手，回娘家去了。本身嫁给王三羊时就不满意，主要是怕王大牛的心毒。现在不怕了，她离开了这个像监狱似的家。王大牛从此再也牛不起来了，真是报应啊！王大牛从小只疼王三羊，现在看到儿子这个样子，他把三羊揽在怀里，父子俩大哭起来。这时候，他们后悔已晚，只能听天由命了。从此，他们过着可怜的乞讨生活。没有家，更不知这样的生活什么时候是个头。王大牛有时会想起他不疼的两个孩子和勤劳的前妻,可是这一切都晚了,自己作恶多端,现在只好自食苦果。

回头再说谢凤英。由于凤英有了文化,心胸更开阔,视野更宽了,她不再单纯追求自身生活和享乐,她要实现人生的价值,为社会和他人做点有益的事。她把全部精力放在自己学习和培养孩子身上。后来,她成了高、陈两大商家的掌门人,孩子也成才了。两个家庭在她的影响下成立了商业协会,她任会长。由于发展快,人又善良,经常发动社会力量搞慈善事业,凤英成了当地的名人。由于家庭和谐,她姐姐和她丈夫都叫她"大宝贝""活菩萨",她也开心地叫自己的男人"爱神",叫姐姐"天仙",两家人经常开怀大笑。高老板说,自从凤英进了我们家,我们两家财源广进,生意红火,家和万事兴,这是花再多的钱也买不到的。由于凤英的慈善事业深得人心,她的名声传播开来,在周围一两百里地都出名。

说来太巧,她的知名度竟然引来了害死她男人和想占有她的仇人王大牛。王大牛长时间讨饭,越走离家越远,听说某座城市有个慈善家,他想求生存讨个生活。他来到这座城市后,根本看不见要饭的,一问才知道有个专门收留穷人要饭的地方叫善心收养所。他不敢进去,他就在大街上拾破烂、讨饭。凤英经常到商户、商店调查经营情况。这天,她来到一处街巷,见有两个讨饭的叫花子,就忙到他们面前,想问问他们的情况。使她万万没想到的是,这个年龄大的叫花子竟然是当年害死她男人和想占有她的王大牛,而那个年轻人她不认识。按理说,凤英肯定恨不得一刀杀了他。可凤英想事情已经过去了,不能再冤冤相报。她问王大牛,你怎么搞成这样呀?王大牛被问得莫名其妙,心想,我又不认识她,她问我干什么?凤英想自己的变化太大,他肯定没认出来。于是,凤英立即把他们三家地邻之事说出来,这回可把大牛吓坏了,心想这么巧了,这是天意,是报应,他吓得忙跪地求饶。凤英说,你站起来。他不起来,凤英把他拉起来说,我不可能把这事给忘了,但你别怕,我不会伤害你们,我会帮助你们的。她接着问,这个年轻人是谁?王大牛说是他的小儿子,接着把家里前前后后所发生的一些事如实地讲给凤英听。凤英想,这是我预料到的事,但没想到这么快、这么惨,真是人算不如天算。凤英让救助人员把这爷俩先带到救助站,要求一定要把他爷俩照顾好。王大牛做梦也没想到凤英做慈善事业,她怎么会有这么大的本事呢?这时,王大牛又跪到她面前,像鸡叨米似的给凤英磕头。凤英说,你如果再这样,我们就不收留你了,因为我们这里的人都是平等的。这时凤英把自己给高善人一家磕头的事全忘了。王大牛父子俩在谢凤英的帮助和感化下,从此走上正路,过上了正常人的生活。

　　这是一个真实的故事。只是年代久,这里就不说地名和真实人名了。书中的人全是化名。从这一事件看,如果王大牛不偏爱小儿子,能听进妻子的劝,对前两个儿子和小儿子一样疼爱,他绝对不会走到今天。他们父子俩如果不是碰到像谢凤英这样有大度胸怀的才女,而是见到赵老虎,那么他们爷俩死定了。我经常讲,能为仇人办事、为仇人解难的人,才是伟大的人。所以这一事例教育我们,干什么都不要走极端,更不要得理不饶人。

　　孔半天虽然后来无音信,但肯定也没有好结果,因恶人终究不会走长远,即使暂时没有人敢收拾他们,但天理也不容。这就是大家常说的"善有善报,恶有恶报,不是不报,时候未到"。

　　像高新平、陈兰花、陈胜利,特别是谢凤英等人的人品及行为能没有好报吗?他们做这么多的公益事,凭智慧和能力成了大商家、大富豪,始终没有忘记穷人。我们应该从王大牛身上戒恶,从赵老虎身上戒仇,从孔半天身上戒毒,因为孔半天太毒了。但更为重要的是应学习高新平、陈兰花、陈胜利,特别是谢凤英等人的宽容大度之心,为穷人助贫解难的大爱,团结和谐的家风,勤俭之道,诚实守信的商业规矩。创造和气、和睦、和谐的社会环境,让人类共同走向文明和幸福。

身残心善聋哑人

20世纪70年代,有一位40多岁的男子推着一胶轮车萝卜,走到山窝的小路时,由于路不好,下坡时控制不住,连人带车掉到离路十几米远的沟里,正好被不远处放羊的小孩看见了,小孩和他的狗跑了过来。这个孩子是个聋哑人,腿也不好,但很聪明。他一看车子和萝卜把人压着,忙往路的方向一指,这条狗就跑到路边去了,它懂得小主人给它的任务是让它在路旁向过路人求救。孩子把萝卜搬下来,但车子还压着人,他用力翻,怎么也翻不动。他忙摸摸人的鼻孔,感觉还有气,就忙跑到路边和狗一起喊人。由于路人稀少,他一会跑到沟里看人,一回又到路上。他正在沟里再次试探那人的气息时,听到狗大叫起来,他忙跑过去把人拦住,"啊啊啊"地带着过路人跑到沟里。这人乍一看,人死了,这怎么办?小孩忙拉着他的手,让他把手放到被压人的鼻孔上,过路人感觉到有气息,人还活着。但这个人感到没有任何希望,就和小孩子打手势,意思是人救不活了。小孩抓着他"啊啊"地大叫,狗同时也跟着那人摇着尾巴大叫。过路人被感动了,忙把那人送到医院抢救。等被抢救过来后,伤者问医生,是谁救了我?医生忙到外边找救他的人,但怎么也找不到这位恩人了。这位伤者腿被压断了,头部重伤,医生问清他的住处和家人的名字,通知了他的家人。家人来后,医生得知伤者叫李勇,他妻子叫王秀芳。

听医生介绍了情况,看到丈夫伤得这么重,脑子还清醒,心想这是捡回一条命啊!她问丈夫是谁救了他。丈夫说不知道。医生说,如晚到半小时就没救了,这也是他的命大,是个奇迹。这时李勇和妻子心想,出院后无论如何也得找到大恩人。由于李勇40多岁体质好,身体很快就恢复了。出院的第一件事就是寻找救他命的人,但怎么也找不到。原因在于此人把李勇送到医院后,医生看伤得太重,就没有按规定办理手续,忙着救人,没有在意送伤者的人。由于没有任何线索,李勇一找就是几年,仍没有找到。但他一心想报恩,竟然到庙里去求神拜佛,但最终还是没有找到。

后来,李勇和妻子忙着做生意,也就不找了,但他们心里从没忘记过这件事。说着10年过去了,有一天,在一座城市的一个宾馆大厅里坐着几个人,听到一个人对另一个人说,你一辈子做了这么多的好事,所以才有今天的事业。这时李勇心想,听听他们说做了什么好事。那位先生又问他,你那时救的一位重伤人,后来有信息吗?他说,没有,如果他命大也许能活着。李勇认为他们说的就是自己,没等他们往下说,他激动得一把拉住恩人的手,跪在他面前说,您救的人就是我呀,您做了这么大的好事不留名,我们找了好多年都找不到您。救人者叫孔得荣,孔得荣一看是当年他救的人,两人拥抱起来。李勇说,我回去得和我妻子、孩子到您家认认门,今后当亲戚走,如果没有您的救命之恩就没有我们一家人的今天。孔得荣说,你要报恩,得先报聋哑人和他的狗的恩,我是被聋哑人和那条狗的行为所感动才救了你。我当时感觉你没有生还的希望,是那聋哑人的苦苦哀求感动了我,他带的狗摇着尾巴在我面前大叫,才有了你今天呀,不然我就把你放弃了。李勇忙问,你知道那个聋哑人是谁吗?孔得荣说,不知道,你应该好好打听一下,他是聋哑人,放羊的地方肯定离他家不远,当时那孩子大约10岁,现在估计20多岁。李勇致谢孔得荣后回家了,到家后和妻子一说,两人立即到当年发生事故的附近村庄问,很快找到了那位聋哑人,就和他说起了此事。聋哑人一下子想起当年之事,他忙把那条已老的狗喊来,狗摇着尾巴在李勇面前叫着。狗高兴的样子,好像在说,你命大呀。李勇蹲下摸着老狗的头,妻子也被这一幕感动得哭了,心想自己丈夫命太大了,连狗都帮忙救他。从此李勇一家把聋哑人当亲人一样对待。

聋哑人叫张小马,8岁时生病,因家里穷没有及时治疗,成了聋哑人。李勇夫妻得知小马的家境后,带着小马四处求医,后来能听见了,但还是不会说话。从此,李勇和妻子把小马当亲儿子看待,经常给他们送钱送物,有时候把小马接到自己家里,一过就是半年。小马的爸妈知道小马虽然从小身体残疾,但特别懂事,是个心地善良的人,大家都喜欢他。

我认为,人生不论命运如何,只要有一颗正直的爱心、善心、感恩心,就会有好的结果,因为上帝给你关上了一扇门,必然会给你打开一扇窗。即使生活不好,但心里感到踏实、幸福。

善恶有报　法理分明

1949年以前，有一位姓蔡的区长，他在当地威望特别高。该区隶属于江苏省徐州市管辖，在当时是一个大区，因此他的工作量特别大。由于蔡区长有能力、有爱心、素质好，当地老百姓都称他为"父母官"、好区长。虽然当时社会不安定，但在蔡区长的管辖内，多年没出过大乱子、大案件。那个时代老百姓都很穷，可过得还算平安。

有一次，蔡区长去徐州办事，在路边发现一个十五六岁的男孩子，瘦得吓人，浑身是灰土，当时正值冬天，男孩仅穿着一身破不遮体的单衣，可能好多天没有吃饭，连饿带冻，浑身打战，看上去随时都有生命危险。蔡区长问他话，他只能用眼神回答。蔡区长马上把他抱起来，带到徐州，给他洗了澡，买了一身新衣服，又亲自安排工作人员用心照料他，并说一切费用由他承担。可是当他领薪水时，发现自己的工资一分不少，他找到工作人员说，你的心情我理解，但我的收入能养活这个孩子。他要求工作人员把用在孩子身上的所有费用退给政府，并说如果不够，他再从家里拿。工作人员只好按蔡区长的意见去做。蔡区长看到这孩子身体很快恢复正常，就和孩子拉起了家常。交流之中得知，孩子姓赵，叫大马。大马家里弟兄多，因太穷养不起，生下没多长时间被一家姓赵的抱走了。这家人，男的叫赵得水，女的叫郭淑英，小日子还算不错，就是没孩子，才抱养了人家的孩子。养父养母看大马特别聪明，长得又漂亮，再加上家庭条件还好，就让大马上学了。大马特别优秀，成绩好，又懂事，对养父养母孝顺，尊敬老师，老师也非常喜欢他。一家三口在乡邻眼里是一个幸福的小家庭。可是万万没能想到，一场大火把家里烧得干干净净，夫妻俩为救火也被烧成重伤，没多长时间就双双离开人世，丢下了大马。虽然大马已十五六岁，但由于没有吃的，只好到处流浪乞讨。大马心里怀着希望,总想有一天学业有成好来报答父母。可怜现在他连自己的生存都不能保障。巧的是生命垂危之际遇见了蔡区长。蔡区长了解了孩子的情况后,特别同情大马,下决心要把大马培养成人。他心想,大马有文化,打算把他送到部队当兵。他把想法和大马一说,大马说,我想在你身边干事,方便接受您的教育,最重要的是能给我今后报恩的机会。他的内心里是想认蔡区长为父,但没说出口。蔡区长听后说,你不要想着报答我,我是为国家为政府做事,帮助你是我应该做的,你要多想我们的国家,我们的政府,如果我们的国家好了,你还能有今天的不幸吗?现在有文化的人不多,你有点文化,又聪明,我送你去当兵,在部队好好学习,锻炼自己,将来为国家和政府干更多的事、更大的事。大马被蔡区长说服了。就这样,大马当兵走了。临走时,蔡区长买了很多东西,让他带上,并对大马说,我给你的东西再多,总有用完的时候,但我给你设定的目标永远没有止境,一定要好好干,争取为国家多作贡献。

后来,蔡区长因为工作成绩显著,上级领导准备提升他,想把他调到其他地方工作。老百姓得知后,联名恳求上级领导把蔡区长留下。他自己也说了三个不离该区的理由,感动了上级领导:一是父母年纪大了,走远了无法照顾父母,为人子应当尽孝;二是老百姓留我,我认为还有我没做到、没做好的工作需要我做,我也想把这些工作做完,特别是和当地老百姓相处这么长时间,有感情,还真不想离开;三是年龄大了,想把位子留给年轻人,让年轻人大显身手,为社会作更大的奉献。领导同意了他的请求,他向老百姓承诺,永远不离开该区,直至退休。

由于蔡区长的人缘好,蔡区长的母亲离开人世时,当地老百姓无不悲痛。蔡区长小时候在家经常到山上割草放牛,他知道在山上有一块地不错,想把母亲葬在此处。这时有人说得找个风水先生给看看,他同意了。结果把先生请到山上一看,他想的那块地已让人占用了,他说,就让先生重看坟地吧。先生看后,就在原来地块的上边选了一穴地。蔡区长说,这在人家上头能行吗?先生说,不碍事,离他们已不近了,同时也不是一道风水线。蔡区长说,为了以后别让别人找麻烦,能不能另选地方,特别是我还在当地当区长,人家别说我们有权有势压人家。先生一听,心想平时经常听说这位大区长的人品好,今天当面听他说话做事,果然如此。心想像这样的好人,不论他母亲葬在什么地方,风水都是好的。然后按照区长的意见,又另选了更远一点的穴位。先生心想,我一生给人家看地,都争风水,像这样的事还是第一次见。蔡区长多处打听,得知葬在母亲下边的这家人姓王,叫王理新,是离这很远的一个大村庄上塞的大户人家,很富裕,也很有势力。他想既然经过先生看了,应该对他们没有影响,从此他就放下了心。

很快到了清明节祭祖的日子,上塞的王家上林祭祖烧纸,这位叫王理新的到林上一看,在他的老林上边有人葬了新坟,心想这谁也不问问我们,竟敢在我们林上头葬人,他用脚步量两处的距离,心想离他们家的林地还远着呢,没什么大事。他回到家后把此事和家里人一说,家里人多嘴杂,说什么的都有,有的说不论离多远,反正是在咱上头。由于家大业大,说的话也特别大,有人说,不论是谁家的林,都得让他起走,绝对不能在我们上头。后来一打听,知道是区长母亲的坟。可是他们认为自己财大气粗,一定要和区长见个高低。蔡区长心想,我担心的事还是发生了,王家闹个不息,我不能落个有权有势的名呀。他把家人召集到一块说,母亲健在时,我们已尽孝了,现在我是干部,不能让百姓认为我们家以权势压人,我想把母亲的坟起到别处重葬。但他父亲不同意,说咱家的林离他家这么远,又经先生看过的,对他们没有任何影响,怎么能听他们的。再说荒山谁占谁有,又不是他们的山,我们在这附近住,他们几十里地跑到这边葬坟更不合情理。全村人也不同意,因为王理新的家远在几十里路外,不应到这山上葬坟。这样就闹翻了。大村上塞的王理新认为有钱有势,就和蔡区长较上了劲,要把蔡区长告倒。开始蔡区长给王理新说,你们再等等,给我些时间做工作。谁知王理新得寸进尺,认为区长怕他们,一下子把区长告上法庭。开始法庭对蔡区长不了解,认为蔡区长姿态高,同时也知道王理新的势力太大,想做做蔡区长的思想工作,蔡区长也同意法庭的意见,但得等一段时间。谁知王理新处处逼人,搞得法庭没法工作,就暂停处理该案。这时王理新得理了,说官向官,民向民,官官相护一路人。他向上一级告,说他们官官相护,互相推脱。案件本来很简单,让王理新搞得复杂乱套,案件一直没法判断,这样一搁就是很多年。

王理新成了当时的上访户,蔡区长成了长期的被告人,双方都耗资耗神。王理新拿金钱开路,向有关法官送礼。当地老百姓帮蔡区长打官司,有的人要出庭作证,同时把原来给蔡区长母亲看风水的先生也找来了。先生要亲自到法庭作证,并说,天底下还能找到这么好的领导吗?我看了一辈子的风水也没见过这么好的人。先生说,我走南闯北一辈子,因年龄大了,马上就不再干了,但这次区长的官司我包打了,我还能打得起这个官司。蔡区长说,谢谢先生。先生说,官司打到哪我就跟到哪作证。蔡区长特别理解大家,并说,千万不能因为此事让大家帮忙打官司。后来王理新看打不赢了,他一下子告到苏州,在当年把官司打到苏州就算打到顶了。苏州法院特别重视,把此案交给了一位大家公认的高素质的法官审理。这位法官把案卷一看,心想,这么简单的案件怎么能拖几年并且打到这来?他又把被告人的案卷看一看,使他万万没有想到的是,自己20多年前的大恩人竟然成了被告,但从案件中看不出大恩人有任何问题,反而在案卷里发现大恩人的为人做事正派大度,心想这么一位德高望重的人,竟然让一位不懂法、不讲理、不讲礼的人告了多年。他心想,我一定要理直气壮地裁判。又一想,不能这样做,他把案件交给了另一位法官审判。并和同事说,你不要看案件简单,你要把案件之外的情况作重点调查,我将旁听你的审判。当年的赵大马现已是一位高级法官,专门负责大案要案,但今天这么简单的案件交到他手里,他仍然很重视。当事人又是当年自己的恩人,他一定要还恩人一个公道,并让大恩人认不出自己。

开庭后,审判长先向原告提出三个问题:一是被告人的这块林地,你花钱买了吗?他回答没有。二是这么简单的事,你怎么把官司打到这里?他回答说下边的法官都官官相护,没能给公正处理。三是你打这么多年官司,一共花了多少钱?他回答太多太多了,一时说不清。审判长说,一时说不清,就等你能说清时再审判吧。当时很严厉地要求他把钱花到什么地方、给了谁,一一写清楚交上来,然后宣布休庭。休庭后,赵大马让审判长通知王理新到他办公室。这时王理新感到不好,但又不敢不去,他刚进门赵大马就把茶给他倒好了,并且很有礼貌地让他坐下。王理新心想,打官司这么多年以来,从没见过这样客气的法官。赵大马虽然官职高,权力大,但待人接物特别有礼貌,他没有问案件的事,都是说一些客气话,这样可把王理新急坏了。王理新开始说话了,他说,人家都说法官很严肃,你这么客气,怎么能当这么大的官呀?赵大马说,只有这样,你才敢说实话呀,没有实话怎么能判案呢?赵大马说,听说你也是个有文化的人,最好我问的你写在纸上,你答的也写在纸上,我们省得再让人记录了。王理新按赵大马问的写上,又把自己回答的写好,然后按上手印交给赵大马。赵大马看了看,表扬王理新,你很实在,但不应该打这个官司,因为我们为了你的案子已把被告人叫来审问了,他和你说的一样。你花了这么多的钱想买通法官,你本身已犯了法。因为你向别人行贿,钱数也多,可以肯定地说,你得负刑事责任,另外收了你礼的法官,也要受到处理。这么简单的事,你花这么多的钱送礼,这本账你算过吗?你如果明智的话,听我一句劝,现在撤诉最好,同时把送给谁的钱说清,千万不要为害你的人说好话,要实话实说,你要能做到这些,法院可以认为你的态度较好,不给你定罪,但收你钱的这些人不能原谅他们,因为他们违犯了法律,这么小的案件闹得这么大,影响社会稳定,请你慎重考虑问题的严重性,别再让自己错上加错了。王理新看到这位法官把利弊说得这样清楚,他答应一定配合法官的工作,同意撤诉。因为此案,后来一大批法官得到了处理。

　　赵大马把此案办结后,专门向领导请假,到徐州找到蔡区长报恩。找到蔡区长后,他跪在地上大哭起来,一下子把蔡区长搞糊涂了。蔡区长仔细一看,才认出跪在自己面前的人原来是赵大马。他心想,我没看错赵大马这孩子。他问赵大马,你有没有偏向我的地方?赵大马说,就因为怕你太正直,在苏州才不认您老人家的,我没有半点偏向,绝对公平公正。我能有今天,是您老救的命,没有您的教诲就没有我今天的成就。这次来有一个恳求,请求您老人家答应我。说着,赵大马又跪在蔡区长的面前,蔡区长说,你把想说的说出来呀。赵大马说,您老不答应,我绝不起来。蔡区长说,我如能做到肯定答应。赵大马说,您老完全能做到。蔡区长说,你先起来再说。赵大马就是不起来。蔡区长说,那你就说吧。赵大马说,您老得认我这个儿子,不然我不起来。蔡区长当场答应了。赵大马激动得泪流满面,给蔡区长磕了三个头,叫了三声"爹爹",同时恳求他和母亲到苏州去。蔡区长答应了他的请求。

与人不睦,劝人盖屋

1949年以前,有两户人家是一墙之隔的邻居,一家的男人名叫丁建设,妻子叫郑小美;另一家的男人叫沈东海,妻子叫许兰芝。

丁建设有四个儿子一个女儿,沈东海有一儿一女。两家人因为建房子闹出了矛盾。丁建设盖房子时,沈东海嫌丁家滴水(下雨时屋檐滴水的地方)留得少,在过去建房子留滴水,大多留一尺,相当于现在30厘米。但丁建设是个厚道人,他留了七寸的滴水。给丁建设建房子的工人看理不公,就说了沈东海几句,谁知沈东海把气撒在丁建设身上,和丁建设闹了起来。丁建设说,沈大哥,都怪我把滴水留得少,你别生气,我再多留两寸。这样就成了九寸的滴水,在那时是很少有人留这么多的,这一让步,沈东海再也没话说了。但沈东海因和建房的工人发生矛盾的气还没出,竟然不叫工人搭架子,这样就没办法建房子了。丁建设求他再让出能搭架子的地方,他也不愿意。这时建房子的负责人心想,我们从建房子到现在也没见过这样的事,他就出面协调。谁知沈东海不知好歹,竟然要求刚才说他不讲理的人给他磕头赔礼。他的无理要求把建房子的人惹恼了,揍了他一顿。沈东海吓得不敢阻挡了,但后来他把仇恨记到了丁建设头上。他看到丁建设的人缘特别好,日子过得虽然不如他,但儿女比他多,嫉妒更深了。他不敢在明处欺负人家,就想在暗处设计害丁建设。

他经常到丁建设家玩,有一次他说,你们人多住得太挤了,我借给你们钱,抓紧再建一套房子。丁建设看他好像换了一个人似的,怕有诈,当时回答他说,挤点没关系,都是自家人。沈东海说,你的几个儿子都大了,没有房子,很难说上媳妇。建设的妻子一听,觉得有道理,就和建设说,人家找上门来要借我们钱,说的话也在理,咱就信他的吧。人家以前再不好,但人总是要变的。就这样,丁建设答应借沈东海的钱建房子,两家人从此便和好了。

　　按理说,丁建设既然知道沈东海最大的缺点就是嫉妒,就应该提防着他。但丁建设宅心仁厚,竟从未对沈东海的行为产生过怀疑。房子建好有两年,沈东海从不提要账,丁建设也给不起。到第三年秋收时,丁建设为了贮藏山芋想挖地窖,但原来窖山芋的老窖子在建房子时占了,只好换个新地方挖窖子。万万没有想到的事发生了,他竟然挖出一大罐银圆、两块元宝,这些银圆和元宝的价值在当时能建一座四合院,还能买不少地。面对突然飞来的财宝,丁建设跟妻子说,这件事千万不能让任何人知道,特别是沈东海。这些横财不能花,就是花也花得心不安呀。等他们把银圆倒出来后,竟然发现是自己的老辈人埋下的,这样他们才放心。丁建设从小就听父亲说,过去他们家在当地是一个大户人家,老爷爷特别会过日子,善经营,人缘又好,帮过不少穷人。有一次家里不慎失了火,好在邻居帮忙,抢救得及时,没受多少损失。因此事,老爷爷把大量的积蓄埋在地下,由于生前没交代清楚,时间长了,谁也不知道埋在什么地方了。丁建设回忆父亲说过的话,知道是自己前辈辛苦留下的遗产,因而对这笔财产也就不再担心了。他和妻子说,先把沈东海的钱还上。又想沈东海是个嫉妒心强的人,他肯定要问我们从哪来的这么多钱还他。郑小美说,他不是知道我哥哥在外地干事吗?正好我哥前几天来,他知道呀,就说我哥听说咱盖房子欠债,给我们送钱来了,何况我哥还真送钱了呀。丁建设一听有道理,就去找沈东海还钱。丁建设夫妇觉得钱都借两年多了,多拿点,就算给人家利息了。

　　到沈东海家后,他把郑小美的哥哥送钱的情况一说,沈东海就说,你哥在外干多大的事,能有这么多钱?丁建设说,做不小的官,特别有影响力。沈东海说,你孩子多,你先用着吧。丁建设说,谢谢您的好意,但钱得还您,万一有一天还不起怎么办?"好借好还,再借不难"。他同意了,然后把丁建设拿的钱数了数,说,你这钱还差得多呢,我是按照当地的大户人放高利贷的方法计算的,两个月算一次,驴打滚的结算方式,所以你这钱还差得多。丁建设怎么也想不开,心想,当时我又没问你借钱,是你跑到我家里说了那么多的好话,我们当时认为你是好意才借了你的钱,你这样算合情理吗?正想着,沈东海说,先还这些吧,剩余的办个手续今后再还。这时郑小美来了,因一墙之隔,这么长时间男人没回来,就去他家看看。郑小美得知情况后说,还差多少?沈东海说了个数,小美知道被他给算计了,怨自己当初没听男人的话,今天无论如何也得把钱还清,不然以后被他缠个不休。她说,这样吧,我把我哥平时给我的私房钱全拿来还您。郑小美回家后把钱拿来,一次还清了这笔冤枉债。他们两人回去后,前思后想,正应了世间的老话"与人不睦,劝人盖屋",意思是如果别人和你有矛盾,就会劝你盖房子,把你家的活钱变成死钱,借机难为你、要挟你、让你更穷。

好心结好果。夫妻两人的憨厚竟然让一个无知无赖又嫉妒别人的人害得这么惨。见识到沈东海的无赖,他们夫妻两人下决心到其他地方再买两处宅基地建房子。由于这个村子大,有上寨下寨,他们就到上寨打听买宅基地之事,并顺便访了访邻居的为人。他们有四个儿子,得买一处能建两座房子的地块,后来打听村边的一块地,面积大小正好合意,就定了下来。因为有钱,房子建得特别快。不知道的心想这家人这么有钱,竟然一下子建两处房子。房子建好还没等多久,他们就搬到新房子来了。因为在这买地建房期间,他们把原来的房子卖给一个叫胡光明的人了。沈东海早知道他们买地建房子的事,但没想到建得这么快还这么多,更没想到他们同时把老房子也卖了,两家子同时搬家。丁建设搬到新家后,他和妻子说,我们请一请这一片的邻居吃顿饭,今后好相处。妻子说,我早就想好了,同时想给我哥写信让他也来。我娘家父母虽然不在了,但亲戚不少,也得跟他们说,把你家的亲戚都请到。就这样两人定好日子,亲朋好友都来了,唯独她哥没来。她正想哥答应来的怎么没来,忽见一个当兵的前来报信说,长官有要事,得晚来两个小时。这下把郑小美高兴得直流泪。之前只知道哥哥在外面干点事,没想到当了这么大的官,还从不让家人知道。哥哥怕来晚了妹妹着急,还派警卫员跟我说一声,太给妹妹面子了。不到两小时,哥哥来了,来到后,对老亲舍邻特别客气,亲朋好友听说后都跑来和他见见。他把自己多年的积蓄都带来了,因为父母去世得早,凡是他知道过去帮助他们家的,他都给点钱以表感谢。他看到妹妹新建的两处房子,又问起家庭情况,得知老前辈埋藏的财产终于找到了。他让妹妹节约开支,把钱用来重点培养孩子,请家教让孩子学文化。另外要多帮助穷人。他和妹夫说,别说现在有老前辈的遗产,就是没有这笔钱,我相信以你们的处人做事的方式也会好起来的。哥哥的到来给丁建设和郑小美带来了欢乐和信心,重要的是亲朋好友也感受到了他们的人品和美德。这件事很快传到沈东海的耳朵,他为了讨好丁建设,没几天也来到丁家表示祝贺。

嫉妒人的新邻居。沈东海的新邻居叫胡光明。自从丁建设把房子卖给胡光明,他们搬进来后,沈东海没过一天安静的日子。因为胡光明是个出了名的赌鬼,赌友特别多,这些人整天吃喝嫖赌,谁都不怕。最让沈东海烦恼的事是一个赌鬼看上了他的女儿沈文英。自从被赌鬼盯上后,文英的母亲整天抱怨沈东海,说这么好的邻居,你不择手段地生歪点子把人挤走。许兰芝人不坏,就是怕男人,经过这件事的教训,许兰芝敢说话了。她男人也认识到自己这错犯大了,是自己的嫉妒心和贪财心引来了今天这个结果。现在好了,替他报仇的人来了。没有多长时间,胡光明上门替他的好友来提亲,说好友看上你女儿了,你要放明白点。沈东海说,我和女儿说说看。胡光明走时放了一句话,要不明白得吃大亏。许兰芝知道早晚有这一天,就把女儿带回娘家了。胡光明感到没面子,就带人到他家里找事,把沈东海打个半死,并说三天内如见不到他女儿就要揍死他。他吓得赶紧把妻子和女儿找来,被逼无奈把女儿嫁给了一个赌鬼。他想想妻子以前说的话,又看看现在的下场,结果病倒了。他把家里所有的钱全拿来看病了,但病还是不好。他的妻子日夜守着他,他抓着妻子的手说,我想在死前见见老邻居。妻子说,人家在上寨,住得那么远,再说你差点把人家害死,怎么有脸见人家呀。正说着,听见有敲门声,许兰芝赶忙出来开门,心想不能怠慢了邻居,惹恼了人家没法收场。

开门后,没想到来的竟然是他男人想见的人。她赶紧先跑到屋里跟她男人说,老天爷睁眼了,你想见的人竟然来了。丁建设和妻子走进屋,还带来了好多的礼品。沈东海强打起精神,起床跪在丁建设夫妻二人面前,给他们磕头谢罪,羞愧得什么话也说不出来。丁建设把他拉起来说,以前的事都让它过去,永远不提了。刚听你们下寨的人说你病了好长时间,我和妻子来看看老邻居,没想到你病得真不轻,得抓紧到医院去看。许兰芝说,最近的几家医院都看了,医生说只能这样了。许兰芝又哭着说,家里的钱都因为给他看病花光了。这时丁建设心想,原来大家传的都是真的。丁建设和郑小美身上带了些钱,听许兰芝一说,就把钱拿出来,说出自己的心意,沈东海说什么也不愿意要。他说,我只有以死向你们谢罪。我有个请求,希望你们能答应我这个罪人的请求。丁建设说,你说吧,只要能办到的我们会尽心的。他说,我的这个好妻子,我一生没对得起她,能让她到您那里帮你们干点家务,一旦有好男人就替我给她找个家。还有我这个无能的儿子,看他能做点什么,请您照看一下。我的儿子太老实,但干活还可以,就是不太说话,我想他不会给你们添麻烦的。我也不指望他传宗接代了,这都不怪他,都怪我一生嫉妒他人落得这个下场,这是报应呀。这时他的妻子和儿子抱着他大哭起来,丁建设和郑小美也控制不住情绪,落下了眼泪。他们大哭时,突然听不到沈东海说话了,仔细一看,他死了。丁建设和郑小美心里也很难过,因为看到沈东海家里的情况,觉得太惨了。夫妻俩商量后,要亲自为沈东海办丧事,同时满足了沈东海的要求。办好丧事后,就把她娘俩接到自己家里。其实沈东海的儿子不是无能,因为母亲经常跟他说,你父亲无论说什么做什么你都装憨,因为他打人从不留情。有一次因为儿子说他对邻居太过分了,结果被父亲打得吐血。但父亲没有半点后悔之意,就像没有血缘关系似的。其实儿子和母亲一样是个好人,就是在父亲面前出不开身,面对什么事都装憨。

新邻居醒悟。赌徒胡光明看到卖给他房子的丁建设对以前的邻居沈东海不计前嫌,像自家人一样,他感到不好了。他打听了丁建设的为人和威望,又听说郑小美的哥哥是个很有权的大官,心想,若不把强娶沈东海女儿的事搞好,得给自己找大麻烦。于是,他把手下的赌鬼找来说,赶紧把抢来的沈家女儿送回去,要给人家说好话,这不关我胡光明的事,有事你自己承担。这个赌鬼看没有人给他撑腰了,他和沈文英说了许多好话,把文英亲自送到丁建设家里。从这三家人的前后变化看,丁建设和妻子觉得,人什么时候都要心正、有度量、有容人心。我们的老前辈为我们留下的不仅是遗产,也给我们留下了做人的道德规范。如果不是沈东海的孬点子"与人不睦,劝人盖屋",我们还找不到老爷爷藏下的财宝,这就是坏事变成了好事。受人之托,忠人之事,丁建设两人把许兰芝娘仨的事全办妥了。又帮许兰芝找了个疼她的男人,儿子也有家了,女儿又嫁了个好男人。

故事结论。此事虽然已经过数代人传讲,但从中可以学习的东西永不过时。我们应以丁建设和郑小美为榜样去做人做事,把他们的正能量大力传播,让我们当代的年轻人有对社会负责的意识。对自己有怨的人,要不计前嫌,以善良和真诚去感动他们,使其转化为好人。以沈东海的事例为戒,应知道嫉妒心会生害人心,最终害了自己。胡光明有错能及时改正,虽知道人家有钱有势,害怕人家报复,但从内心来看他有改好的念头,自己愿意走上正路。古人言,知耻近乎勇。改正错误是需要勇气的。

宽容的力量

在计划经济时代,有很多重要物品、物资凭票供应,于是就有了粮票、布票、肉票、糖票等。

有一个公社供销社主任姓张。张主任刚调到该公社不久,就听说他下面的食品站李站长能力很强、威信很高,曾经想将他提为供销社副主任,但他不愿意干。有一天,他找到李站长说老家的亲友想买点肉,让李站长开个后门。李站长心想求人是人之常情,就答应了张主任。但他万万没想到张主任要很多肉,他没有满足张主任的要求。张主任很生气,认为李站长没给他面子,再加上李站长的威望高,对自己是个威胁。张主任很霸道,他下决心想方设法将李站长革职。

快到中秋节了,他开会表扬李站长,说李站长工作扎实,工作细心,是让群众满意的站长,接下来给李站长一个特别艰巨的任务。他说,今年节前县社生猪紧缺,分给我们社的任务特别重,我们为顾全大局,这项任务必须完成,不然我这个新来的主任没有面子。李站长心想张主任有大局意识,不论遇到多大困难也得想办法支持他的工作。李站长和自己的亲朋好友说,为了支持新主任工作,我们这些亲朋好友今年的中秋节就别吃肉了。因为李站长为人正直,很憨厚,大家都很高兴地接受他的意见。李站长按照张主任的要求完成了任务,并且没有一人反映此事。但张主任知道李站长的方法后更感到他会威胁到自己,心想无论用什么办法都得把李站长革职。一年一度的春节就要到了,这次他为了讨好县领导,主动要求县社多分点任务给本社,他把任务压到李站长身上。李站长得知县领导给分的任务重,不合情理,要亲自到县社讨个说法。张主任得知他要亲自到县社找,怕通气后不好说,就找李站长说,我是主任,我看县社因春节生猪供应为难,我知道你有能力解决此事,是我主动要的任务,我是个顾全大局的人,请你不要为难我了,但这任务必须完成。李站长是个重感情的人,事实上这个任务能完成,因为他怕张主任为讨好上层领导多要任务。那时,生猪要求 130 斤够磅,结果每头猪都超产,这样春节任务顺利完成,老百姓全都能吃上肉。张主任万万没有想到这个能力超群的站长工作做得这么细,这样使他更有压力,他要尽快想办法将李站长革职。他的歪点子来了,他以李站长以往瞒报生猪产量为由,处理站长。他想节后立即开会宣布李站长瞒报生猪产量的罪过,撤销他的职务并开除回家。由于张主任的霸道主义,个性特别强硬,讲话很随便,他把拿掉李站长的想法早早给说出去了。人家看张主任太过分了,就把此事告诉了李站长。李站长得知他的实意后,主动写辞职报告不干了,认为像这样的领导不能再和他合作,为他出力了。原来总认为他有大局意识,谁知他是这样的人。辞职报告交上去后,这位想歪点子的领导更有理由了,并说,我只是认为你瞒报产量的严重性,对你处理有说法,好给上边一个交代,没想到你的问题越来越严重,搞不好弄成反革命分子。李站长听了笑着说,有这么严重吗?张主任马上翻脸说,你是党员,党员不为党革命就是反革命,怪不得提副主任你都不干,你的问题得马上处理,先撤你的职务,同时开除回家,没有工资。李站长说,你给我什么处分我都接受,因为我问心无愧。最后没给扣上反革命分子的帽子,还算从宽处理。

李站长回家了。对张主任处理李站长的方式,在供销社没有不反对的,但是没有人敢说;张主任的霸道主义没有人不怕,没有人敢向上级领导反映。在张主任的领导下,没有哪个人敢不顺从。后来,他把自己的亲属安排在食品站当站长。在计划经济时代,他的权力实在大,因为没有人敢挡他的道,他的不正之风和贪心驶入了快车道,仅仅一年多的时间就触犯了多条法律,被判刑入狱。张主任入狱后,县社领导找到李站长,请他回到公社供销社担任副主任并全面主持工作,还要兼任食品站站长。李站长能力很强,又正直憨厚,有博大的心胸,把供销社的工作干得特别好,领导放心、百姓满意,没有多长时间就任命为社主任。自从当上主任后,他始终想着原来的张主任,想他入狱后家里肯定有困难。

李主任早就听说,自从张主任入狱后,社会上没有一个人说他好的,有的人还骂他,骂得很难听,就连他曾经帮过的亲朋好友也没有说他好的。他在家时对家人蛮不讲理,对妻子想打就打、想骂就骂,对子女动不动就打骂,连儿媳妇都骂,家人特别怕他。李主任前思后想,决定派人到他家看看。派的人到他家看后，家里就像李主任想的那样，真的太困难了，但家里很安静，因为再也不必提心吊胆地过日子了。张主任的老婆叫王月梅，王月梅看到李主任专门派人到她家了解她的困难情况，感动得大哭起来，说，天底下怎么还有这么好的人呀！俺那个坏男人把一个好人整得这么狠，人家还这么大度，派人来看我们，真是世间难找呀。那人了解张主任的家庭情况后，回去给李主任汇报，李主任马上召开会议，要支持并关注这位犯了法的主任的家庭。有的人在会议上强烈反对，大家争论不息，李主任不作任何发言，等大家平静下来后，李主任讲话了。他说，张主任入狱改造，国家是要把他改造成一个好人。我们现在了解到他家庭的实际困难，如果帮他解决好了，他会受感动，有利于他的思想改造。据了解他在家也是人人怕，但他入狱后家里出现这么大的困难，我们能不问吗？如不管不问，那样做，我认为是和他一样的行为。大家都认为李主任的大度值得尊敬和学习，大家一致同意按李主任的想法办。会议当场决定把他没有结婚的二儿子安排到食品站工作。由于他们家里的人口多，再加上他过去的所作所为，亲朋好友都看不起他，家里比一般人家困难得多。李主任又提出我们的供销社要发展，准备扩大营业项目，需要营业员，我想今天借这次会议说说我的个人意见，我们在座的同志，都是社里的骨干，都是单位领导，我提议每个人的家庭安排一个人进供销社工作。在座的各位万万没有想到李主任处处想着大家，都说，我们不干好能对得起人吗？有的说，李主任，你还有两个儿子没有工作呀，你得安排两个儿子。他说，我也不能搞特殊，我也安排一个。大家都说，俺得用人，你就安排你两个儿子吧。李主任说，我说过了，只安排一个，但给大家讲明白，这个名额给张主任的女儿，让她到下边门市部工作，因为我了解他们实在困难，不然他的二儿子都娶不上老婆。他这样一说大家都同意了。从此，大家没有不尊敬李主任的。一场会议专门为张主任的子女安排工作，又给下属负责人每家安排一个进供销社工作，自己却坚决不安排一个儿子进社，这是什么样的胸怀？是拥有什么样的高尚品德才能做到的呀？真是让人不能不佩服，不能不尊敬呀。张主任的妻子月梅听到供销社李主任为她家解决困难专门开会研究，并把他儿子的名额也让给自家女儿了，这一下子给自家解决了两个人的工作，太感人了。此事好像让人不信似的。月梅非常想见见这个主任，看看他是什么样子，并多次托人想请李主任到家吃顿饭以表谢意，但都没能如愿。后来她直接找到供销社想当面感谢，但李主任听说后，让下边同志跟王月梅说他去县里开会了。月梅问什么时候回来，那人回答没有一定的时间，同时和王月梅讲,你千万不要再来了,因为李主任的时间安排得特别紧。就这样月梅只好回去了,并且还带了李主任特别安排的礼物,心里特别难过,到家后感动得大哭一场。家里一下子有两个人上班,生活很快好了起来,亲朋好友从此对她家另眼相看。月梅本来人很正直,人缘也好,由于嫁给张主任后,一切威信都不存在了,这会得到一个大度贵人的支持,日子一天比一天好。她经常告诉子女,为了报答李主任,一定要学会做人,干好所有工作,学会吃亏,并让孩子以李主任为榜样做人做事。

　　说来很快到了张主任刑满释放的日子,他出狱回家后,月梅把李主任不计前嫌特别照顾他们一家人的事告诉他,万万没想到的是,还没等月梅说完,他就问,你是不是早就跟他睡过了,他已把绿帽子给我戴上了。这时,过去从不敢跟他多说话的妻子站起来狠狠地打了他两巴掌,同时大哭大闹,说,我为感谢李主任,想请他到家吃顿饭都没请到,又亲自到供销社想当面感谢他也没见到,到现在我还不知道他的样子,但我可以肯定人家是个正直的大好人。这时张主任才有点明白。月梅下决心要和他离婚,儿子、女儿和儿媳妇都支持妈妈跟他离婚,这样他在家人面前什么地位也没有了,他反过来又求妻子,再三说对不起。不论怎么说,妻子仍然下决心离婚。第二天,李主任听说张主任出狱回到家里,随即就带着礼品到他们家里看看。李主任刚到他们家,月梅一下子跪到李主任面前,并说,我可见到大恩人了。她的几个孩子还有儿媳妇全都跪下给李主任磕头,感谢大恩人,这把从来没有好心的张主任也感动得跪在地上给李主任磕头,并拉住李主任的手再三说对不起,并且说,你千万别和我一样。李主任说,你们这样做叫我怎么受得了?随即把他们都拉起来了,说,咱们坐下来说说话吧,都好几年没见了。同时安慰他们,让他们好好地过日子,又让月梅千万别离婚,你们的日子会越来越好,家庭矛盾很快就会化解。月梅说,大恩人,一切都听您的,因为没有您的大度胸怀和大爱之心,就没有我们这一家人今天的好日子,同时借此机会向李主任保证,我跟孩子都说了,包括我这个好儿媳妇,叫他们永远不要忘记您的大恩大德,一定要把工作干好。眼前这感人的一幕,让刚出狱的张主任无地自容,泪流满面。他又一次跪在李主任面前大哭起来,李主任要把他拉起来好好说话,他却说,您让我跪在地上把话说完。他跪在地上说,我是跪下给李主任请罪的,也是向一家人保证,从今日起一切听妻子的,痛改前非,重新做人,以从前不正之心为戒,永不再犯,永远不会打骂妻子和孩子,以李主任为榜样,做个有利于他人和社会的好人,为我以前犯下的错赎罪。他直至把话说完才愿意起来,又说,李主任的大恩大德我永远都报答不了,因为没有您,就没有我们一家人的今天。他说,说实话,我在监狱这么多年,从内心里讲,法律也没把我的思想改造好,直到今天,您的一切高尚行为彻底把我的思想改好了。他说,请你们看看我今后的实际行动吧。从此,由于月梅领得正,张主任像换了个人似的,没有多长时间,大家对张主任的看法便大有好转。后来月梅为报答李主任的大恩,竟然想把自己的女儿嫁给他的小儿子。此事和女儿一说,女儿高兴地说妈妈有良心、有眼光,特别同意妈妈的做法。月梅亲自找到李主任把此事一说,并说,我是替我女儿来求婚的。李主任说,大姐,我特别理解你的心情,但我儿子已有心上人了。月梅一听,心想,不能坏了恩人的喜事。月梅头脑特别好用,反过来又说,那我就求您能做主的事吧,让我的女儿认您做干爷。您没有女儿,就当她是您自己的女儿。李主任正想怎么能婉言拒绝此事,月梅故意说,李主任,像您这样大度的胸怀,不会看到我家那个男人就想起以前他对您做的对不起人的事吧?直把李主任逼得没办法回答,她又进一步说,那您不说话就是认了,答应这门干亲了。李主任心想月梅的话都说到这份上了,也没办法再拒绝,就说,我回家和老婆说说。她说,你说不如我去说,我们都是女人好说,再说小妹肯定愿意,因为您没有女儿。李主任说,不用您说了,我回去说更好。李主任回家和老婆说,他老婆特别高兴,并对他说,你做了一件我喜欢的事。这样,就认下这门亲戚,后来张主任的女儿像亲生女儿一样,特别孝顺,又懂礼貌,从此两家人就成了没有血缘的亲戚。